老けの原因はメイク!?

40歳からの若見えメイク塾

浅香純子
Say「若創り学教室」主宰

集英社

40歳からの若見えメイク塾

老けの原因はメイク!?

はじめに

長い間、美容の仕事に携わってきた私が、自分の顔のことで愕然《がくぜん》としたことが二度あります。

一度目は10年パスポートを取った時。そして二度目は最近、53歳で初めて運転免許を取った時。

美容の仕事を30年以上してきて、お手入れについては熟知している、はず。自分はもう少しイケている、はず。なのに、なぜ?? ?

なんだか最近、写真写りが悪いような気がして、随分長いこと写真を撮っていないうちに、こんなに顔が変わっていたんだわ。そんな私の「どこが?」「なぜ?」という強烈な体験から「若創り学教室」が始まりました。

いったい、若いころの顔と比べてどこがどう変化したのでしょう？

専門家ですから、まあ、ほうれい線が深くなってきた、全体的に顔がたれてきて大きくなったくらいのことはわかっていたのですが、あるプロの方から「顔の配置が少し変わったんだよ。鼻の下、まぶたが拡がって間延びしたんだよ」と指摘され、鏡を見ると、確かにその通りです！　私の顔は若いころに比べて、微妙に間延びして、顔が縦長になって、大きくなっていたのです。

それから電車で大人の女性を見るたびに必ず、その人の鼻の下とまぶたの広さを見てしまうようになりました。すると、確かに鼻の下とまぶたが広い。大人になるとみんな、顔が縦長になるということに気がつきました。

トレンドの質感、色のメイクを一生懸命試してみてもイマイチ似合わなくなった。写真を撮ってもなんだかぼんやりして見える。イケていない原因は顔の〝配置〟の変化だったのです。

そして周りを見渡せば、一生懸命メイクしているのに老けて見える、惜しい感じの女性のなんと多いことか。

確かにきれいにメイクしてはいらっしゃる。ですが、どうも完璧すぎるというか、はっきり言えば、「やりすぎ」「カバーしすぎ」。こんなことを私が言うのもなんですが、メイクというのは「やればやるほど素顔から遠くなる→老けてしまう」。悲しいかな、これが本質なのです。

逆に、すっぴんが若く見えると思い込んでいる人もいます。ですが、それがきれいかというとそうでもないのです。では、どのあたりで折り合いをつければ、素敵な大人の顔になれるのか。

私が至った結論はとても簡単なこと。

〝スキンケアより手軽で、楽しいエイジングケアはメイクでできる〟ということです。

たとえば、大人になって敬遠しがちなチーク。

私も若いころは、頬の真ん中になんとなくクルクル入れるだけでサマになっていました。ですが、大人になった今はチークを入れることの意味からして違っています。なくなってきた血色を演出することで、肌に透明感を出すことはもちろん、ポイントを頰につくることで、もったりしてきた顔の下半分をリフトアップして見せることができるのです。これを知らない人のなんと多いことか！

私が現在主宰している「若創り学教室」には、下は30代から上はなんと、80代のメイクに迷う女性がいらっしゃいます。みなさん、変わることを怖がらず、自分の手できれいと若さを手に入れて帰られます。やっぱり自分でできるようになることが一番大事。自分でできないとメイクは続きませんものね。

「自分のため、家族のためにきれいで前向きでいたいんです」
「自分の顔を見ることから逃げていましたが、最近、鏡をよく見るようになって」
「普段、家ではこんなに笑うことないでしょ。この教室ではみなさん、ほめてくれるのでいい気持ちになり、よく笑っちゃいました」

これは、教室にいらしてくださったみなさんが、帰りぎわ実際におっしゃった言葉です。

若い人と違って、大人には知恵があります。知識も増えます。その知恵をずるく使えば（笑）、うまく「若創り」ができるのです。

この本でご紹介するメイクには、難しいことはひとつもありません。みなさんが持っている道具と化粧品でできることばかり。そして、毎日できる簡単なことばかりです。書いてあることを全部しなくてもＯＫ。できそうなことから始めてください。

「最近鏡を見なくなったわ」「写真を撮らなくなったわ」「顔がなんとなく変わっているのにメイクは昔のまま」という、メイクが大好きなみなさんの何かのヒントになればうれしい限りです。

目次

第二章 「老け」を知れば若くなれます。

「老けの正体」を正しく知りましょう

第三章 5歳若くなるための「若創り」テクニック38

肌&チークで、老けの8割を解消！　97

アイシャドウ&リップカラーで老け印象を引き算する

編集——松本千登世
イラストレーション——平松昭子
ブックデザイン——アルビレオ

特別寄稿齋藤 薫
美容ジャーナリスト・エッセイスト

40代からの大逆転 むしろキレイになるのは、これから!!

ほんの〝ひと昔前〟まで、40代は〝女の定年〟を迎えなければならない年齢だった。世間もそういうふうに見ていたし、私たち自身も40代になるとすごすごと〝女〟を引退しようとしてしまう……。誰が決めたか、それがひとつの常識となっていた。

今なお「日本一の美女」という表現が使われる〝伝説の女優〟原節子さんも、まさに42歳の時に映画界を引退してから、一度も姿を現さないことで、なおさら完璧な〝伝説の美女〟となったが、その引退理由は紛れもなく〝美しいイメージを壊したくないから〟。

じつはハリウッドにも長い間、美人女優には〝40歳定年説〟というものがあって、その切ない現実にストレートに迫ったドキュメンタリー映画まで制作されたほど。美人女優はともかく40歳で引退するか、〝性格俳優〟にシフトするか、ふたつにひとつの選択を迫られてきたのだ。その映画『デブラ・ウィンガーを探して』も、「で、あなたはどうするの？」とたくさんのハリウッド女優にインタビューしたもの。この中で、ある中堅女優はこう語っている。「手術を受ければ簡単なこと。誘惑は強いわ。でも整形顔ってやっぱり変よ」。

じゃあなぜ『デブラ・ウィンガーを探して』なのか？　じつは映画のタイトルになった『愛と青春の旅立ち』のヒロインを演じたデブラはちょうど40歳で一度女優を引退してしまったにもかかわらず、7年後に女優復帰を果たして、再び成功をとげている。〝美人女優の星〟だったのだ。

どちらにしても、40代が女の正念場であることを、それはリアルに突きつけた。時代を問わず、場所を問わず、40代の女性が〝女〟の引退を余儀なくされるのは、どうしても避けられない宿命だったのだ。

でも今そこに、大きな異変がおきている。女が〝女〟を引退しなくなっている。引退しないどころか、むしろ30代よりも元気で貪欲で、だからむしろ美しく輝いている40代が急増しているのだ。いや40代ばかりじゃない。50代60代はもちろん、70代にさえ引退しない人が現れた。

もちろんそこには〝美容医療〟の進歩が大きく関係している。〝プチ整形〟という、メスを入れない気軽な施術がポピュラーになってきたことは、大人の女たちにとんでもない夢を与えたと思う。〝やるかやらないか〟は別としても、イザとなればプチ整形がある、という〝とてつもない安心感〟が心の支えとなり、多大な自信となって、私たちはまだまだ美しい！　まだまだ女の現役！　と気づいてしまったのだから。

つまり、そこに起きたのは、ひとつの意識革命だったのだ。意識の上だけでも、私たちはまだ若い、若くいられるのかもしれない。そう思っただけで、本当に若さが弾け出る。眠っていた若さが一気に目覚めたのである。

そこにはもうひとつ、重要な出来事があった。それは松田聖子さんや黒木瞳さんといった人たちが、ちょうど40代になろうとしていたタイミングであり、この人たちが今までの40代とはまったく異なる〝現役の女〟を堂々と見せつけてくれたのだ。だから同世代の女性たちの目が覚めたと言ってもいい。いえ、同世代だけではなく、30代も先がコワくなくなり、50代も、えっそうだったの？　と改めて自分たちの年齢の可能性を見直すこととなったのだ。

説明するまでもないけれど、松田聖子さんは少女のようなラブリーなドレスを着て、透き通った声で歌い、信じられない可愛らしさで40代に奇跡をおこした人。黒木瞳さんは、40代で年下の男と恋をする大人の女の役を演じ、信じられない美しさで40代の意味を変えた人。二人の新しい40代の出現が、大逆転の扉を開けてくれたのである。

あれから十数年、40代は〝現役〟どころか〝女の主役〟になった。まさに大人の大逆転……。でもそれだけに新しい問題が頭を擡《もた》げてきてもいる。それは気持ちだけが思い切り若返ってしまって、〝見た目〟が気持ちについてこないという人も、じつは少なくないこと。

いくら〝プチ整形〟が進化しようと、もちろんやらない人はやらない。逆に言えば、今や誰でも見た目の若さをつくれてしまう時代だからこそ、あえて時の流れに身を任せる人の美しさが、クローズアップされつつもある。〝何もしていない人〟の堂々とした佇《たたず》まいが、むしろ今カッコいい。凛としていて美しい。早くもそう言われるようになってきてしまった。やっぱり自然に逆らわない、ありのままの美しさに勝るものはないのだというふうに。

でもそうなればなったで、〝気分年齢〟と〝見た目年齢〟は、どうしても離れていってしまう。離れていってもいいのだろうが、もしそのギャップを埋めてくれるものが他にあるのなら、ぜひ知りたい――そういう人は少なくはないはずなのだ。だって、一度知ってしまった〝精神的な若さ〟を、人は決して手放すことはできないのだから。

少なくとも、大人の女性の生き方は、10年前とは明らかに変わった。まずなんと言っても、40代や50代にはもう〝中年〟という意識すらない。たとえばの話、街中で「おばさん！」という声が飛んできたら、かつての50代は自分のこと？　と振り返っていたはずだけれども、今や自分がそう呼ばれるなんて夢にも思っていない。耳にも入ってこないのは、意識の中にそういう自覚が100％ないから。

今やその感覚がいよいよ60代にまで上がってきている。30代の延長線上に60代がある、というふうに。だから当然のように、行動そのものも、若いころと大きくは変わらない。いや、経済的に豊かになった分だけ、むしろ行動は華やかになっているのかもしれない。

20代30代には、恋愛を〝億劫がる〟傾向も生まれてきているのに、40代から上の女性たちは、むしろ〝いつも恋をしていたい〟という乙女心を失っていない。

そもそも、バブルを経験した今の40代50代は今どきの20代30代よりもジェネレーション的に行動的、とも言われる。向上心がとても強く、積極的で好奇心も強く、一番元気な人たち。その人たちが「あなたはまだ全然若い!!」と背中を押されたら、勢いよく羽ばたかないはずはなく、だから一番生き生きと今を謳歌しているのは、大人の女性たちなのである。

もちろん、ファッションもひと昔前とは明らかに違っている。最近はあまり〝らしさ〟という言葉を聞かなくなった。40代らしさ、50代らしさ、60代らしさみたいな言葉を。そういう言葉に違和感を覚えるほど、もう年齢観が大きく変わってきているのだ。それを端的に表すのが、年齢不詳ファッションなのだ。ブランドは違っても、大人が20代30代とあまり変わらない服を着ている。もちろん小物でそれを大人風にアレンジしたとしても、同じトレンドを追うことが当たり前になってきているのだ。

しかもそれがちゃんと似合うようになってきているのは、まさに大人たちが〝女〟を現役ど真ん中でやっていることの証。ロールアップのジーンズも上手にはきこなす50代がすでにたくさんいるのだから。意識革命からひと時代を経て、大人の女が年齢を超えたファッションセンスというものを身につけた証だろう。

ファッションが変われば、髪型も変わる。

ひと昔前と一番大きく変わったのは、ひょっとすると、髪型かもしれない。20代30代のころと同じ髪型を通す人も増えたし、改めてトレンドヘアに挑戦する人も増えている。マダムヘアの人なんてもういない。年齢不詳の髪型を選ぶことが今や常識にもなっているのだ。

ただあえて〝現実〟に目を向けるなら、40代後半から訪れる〝更年期〟のスケジュールは変えることができないということ。意識がいくら若返っても、ハッキリ言って〝閉経〟の年齢を遅らせることはできない。年齢がもたらす変化は確実にやってきて、たとえば今まで駆け上がっていた階段で息切れするのは、昔と同じなのだ。

もちろん、シワもたるみもちゃんと現れる。そして仮にボトックスを打ってシワがあんまりなくても、顔立ちはやっぱり何となくでも歳を取っていく。大人が見落としがちなのは、むしろこの顔立ちの〝老け感〟なのだ。〝肌の衰え〟ばかりに気を取られてしまうために、見えなくなっている顔立ちの老け。そこにもっときちんと目を向けることが、まず〝気分年齢〟と〝見た目年齢〟を縮めていく、大切な手続きとなるはずなのだ。

そう、髪型を〝年齢不詳〟にしたら、当然のこととして、顔立ちも年齢不詳を目指したい。だから今、見た目アンチエイジングの決め手は、ずばりメイクなのである。アンチエイジングと言えば、イコール〝スキンケア〟。メイクでアンチエイジングを考えることなんてなかったはず。つまりそれは、大人にとって最大の盲点だったのである。

そもそも、40代は〝スーパーナチュラル〟の時代にメイクを覚えた世代。50代は強めのメイクを経験しているものの、それはまだメイクが正解を見つけていなかった時代のフルメイク。60代は未だに「メイクの仕方がわからない」と言ってしまうメイクコンプレックスの強い世代。

アイブロウに自信がない、アイシャドウを塗るのは未だに苦手、チークを塗る場所もよくわからない、チークの色選びはだいたいいつも失敗する、アイライナーはあんまり引かない、マスカラにあまり効果を感じない、ハイライトってそもそも何？ そして未だに〝コレ！〟という口紅に出会っていない……そういう人がこの世代には少なくないのだ。

仕事も有能、料理もうまい、家事もてきぱきこなすとても聡明な人なのに、メイクとなると突然〝無知〟で臆病で、モノをあまり考えない人になってしまう。それがこの世代の特徴なのかもしれない。だからこそ、まだすべきことが山ほどあって、メイクを知るほどに未開拓のキレイが引き出されるはずなのだ。

スキンケアではやるべきことはすべてやっている人でも、メイクでは今なお知らないことばかり。当然のことながら〝老けのメカニズム〟なんて考えたこともないという人がほとんどなのではないだろうか。

とすれば、大人のメイクはチャンスだらけ。いずれも今どきのメイクのツボを知らずに歳を重ねてしまった人たちと言ってもいい。でも逆に言えば、それはすべて大きな可能性につながる。キレイになるツボをまだ知らないなら、むしろこれからもっともっとキレイになる可能性を秘めた人たちと言っていい。ましてや、メイクでアンチエイジングができるなら、本当に驚くほどのメイク効果を引き出せるかもしれないのだ。

クラス会で、若く見える人と老けて見える人がいる現実を、改めて思い出して欲しい。そこには本当にいろんな要因があるけれど、一番大きいのは、やはり老けとは何か？　をちゃんと頭でわかっているかどうか。その〝老け〟を確信を持って〝若さ〟に変えているかどうか。ちゃんと考えてオシャレをし、ちゃんと考えてヘアスタイリングし、メイクをしているかどうか。それが決定的な分かれ道である気がする。スキンケアをちゃんとしていて、自分にちゃんと手間をかけているかどうかは、その先の話のような気がするのだ。

正直言って、大人のメイクは難しい。若いうちは〝失敗〟しても、何の問題もないが、大人がメイクを失敗するとダメージはあまりに大きい。余計に老けて見えるかもしれないし、せっかくのキレイを壊してしまうかもしれない。メイクとは両刃の剣で、うまくいけばキレイも若さも何倍にもなるが、失敗すればすべてが台無し。その境界線は清潔感にあり、きたなく見えたら大人は終わり。そういうことを知らないと大人はコワくて正直メイクなどできない。それが現実。

メイクも〝崩れてしまえばただの汚れ〟という言葉があるけれど、大人ほどメイクのリスクが高い。メイクを知っている人はそのコワさをよくよく知っているはず。だから年齢を重ねるほどにメイクに対し臆病になり、セルフメイクの威力が感じられなくなり、やがてメイクをしなくなる……大人が陥る悪循環。それではあまりにもったいない。

女は太ったり、歳を取ったり、ネガティブなことがあると、メイクをやめてしまいがちだけれど、それは逆。メイクの本当の力を知れば、そういう時こそメイクが頼りになるのに。若く見えるメイクはもちろん、痩せて見えるメイクだってあるし、美人に見えるメイクだって……。いや、メイクの本分はあくまでも美人に見えること。ここで一度真実の〝メイク効果〟というものを、イチから知っておくべきなのだ。知らずに歳を重ねてしまうのは、やはり人生の損失だ。

それ自体がじつは美容の世界における最大の課題だったのかもしれない。つまり、メイクのテクニックを教える人はたくさんいても、顔立ちの老けのメカニズムを教える人はいなかった。美人に見える人と見えない人の顔立ちの違いをロジカルに語る人がいなかった。そして何より、そういう顔立ちに対して、何をどう塗れば、何をどう描けば、美人に見えるのか、若く見えるのか、それを理論的に解説してくれる人はいなかったかもしれない。

著者の浅香純子さんは、いわゆるメイクアップアーチストではない。長く美容に携わってきたキャリアのほとんどを、〝どうしたら人を美しくできるのか？〟の追求に当て、それをさまざまな形で具体的に提案してきた人。テクニックではなく、人を美しくする方法論を追い続けてきた人と言っていい。だから今まで置き去りにされてきた、その理屈の部分をわかりやすく伝えるレッスンが必要と初めて気づいた人なのだ。

そこでまず〝お教室〟をつくった。それはまさに今までなかったアンチエイジングそのものを学ぶお教室。そうそう、必要なのはこれだったのだ！

と思わずヒザを打ったもの。プロのアーチストを育てたり、メイク好きにもっと深くメイクを教える学校はたくさんあっても、本当の意味でメイクを知らない人に、イチからメイクを教えるメイク学校って、そう言えばあまりないし、ましてやすでにメイクを何十年もやってきた大人にイチからメイクを理論から教えてくれる学校はなかった。大人ほど頑なにメイクを変えないから、キレイが停滞してしまっている。そういう大人の思い込みや決めつけを丁寧にほどいた上で、納得のメイク効果を教える、テクニックではなくメイク効果を教える初めての学校なのである。

そうした未知なる美容が、この1冊にまとめられている。1冊を読み終えた時、メイクほど面白いサイエンスはなく、メイクほど簡単な生き方のコツはないと気づくだろう。〝メイク効果〟をひとつ知るほどに、女としての自信がひとつ増える。なるほどそうだったのかという、老けのメカニズムをひとつ知るほどに、自分は歳をとらないという自信がひとつ増える。どんどん自信が増えていって、それがいつの間にか、生きる上でのエネルギーに変わっている。そういう不思議な力をもったメイク本なのである。

大人にとって、〝メイクのアンチエイジングを知っているかどうか〟はこれからの人生を明らかに左右する。これからをどう生きるかに大きな影響を与えることになる。大げさではなく、そこまでの力を持つものなのである。

第一章

自分の今の顔、好きですか？

大人を幸せにする「若創り」理論

自分の顔が好きになれないのは、なぜ？

私がまだ化粧品会社に勤務していた時、ある公開講座で、大人の女性を対象にメイク教室を実施したことがあります。その際、参加してくれたのは、私と同じような40歳をゆうに超えた女性ばかり。彼女たちに、私はこう聞きました。

「自分の顔で一番好きなところは、どこですか？」

すると、ひとりの女性曰《いわ》く、「どこもないわ」。

えっ？　想定外の答えにどぎまぎしながら、続けました。

「それでは、自分の顔で嫌いなところは、どこですか？」

案の定、「全部」という答えが返ってきたのです。

歳を取るごとに、シワにシミ、くすみにたるみと、欠点ばかりが増えていく。

鏡を見るたび、ため息ばかり。こんな私の顔なんて、もう誰も見てくれない。だから、好きなところなんかない、嫌いなところは全部……そうなってしまったというのです。

「もっときれいになりたい」という前向きな人が集まるはずのメイク教室で、こんなにもネガティブな人がいるなんて！　正直、「手強《ごわ》い」と思いました。

30年余り、化粧品会社という、最も女性に近い仕事にどっぷりと浸かっていた私は、「化粧品で美容で、女性たちを幸せにしたい、いや幸せにできる」と、漠然と信じていました。でも、それは、近すぎるからこその勝手な思い込みだったのではないだろうかとはっとさせられた出来事でした。

幼いころ、私は母が鏡台を前におしろいや口紅でお化粧をする姿を見るのが大好きでした。鏡の中の母は自分が変わっていく姿を見て、自然と「うふふ」という笑顔になり、跳ねるように楽しそう。娘である私までハッピーになる、それが「お化粧」というものだったはずです。

ところが、物も情報もあふれすぎたせいでしょうか？　化粧品会社や雑誌が提案するメイクはどんどんミリ単位にこだわるものになり、新しいアイテムや道具を使いこなさなければならないものになりました。こうして、いつのころからか、メイクが楽しいものではなくなってしまったのではと気づかされたのです。

ほかにも、私が「若創り学教室」をスタートさせる原動力になった出来事があります。

以前担当していたブランドのカウンターを訪れた素敵なマダムが、私にひと言。

「化粧品カウンターにいる美容部員の方は、確かに、懇切丁寧に教えてくださるのよ。でもね、家に帰って同じようにメイクできないの。自分でできないと、続かないでしょう?」

そのカウンターでは、化粧品を使った「半顔メイクレッスン」を実践しながら、化粧品を販売していました。半顔メイクとは、美容部員、つまりプロが顔の半分にメイクを施し、残りの半分はそれを真似しながら自分でメイクをするというメソッド。顧客の女性たちに、そのテクニックを学んでもらって、メイクのアイテムを使いこなしてもらおうという目的で行われていました。

でも、考えてみれば、アイシャドウを塗られる時は目をつぶっているし、眉だって美容部員は左右を比較できるから描きやすい。これではいつまでたっても自分でメイクできない……。だから続かない……。そう指摘されたのでした。

思えば、ずっと化粧品に携わっていた私でさえ、正直言って、雑誌やカウンターで知るお手本通りには、メイクできません。

いいえ、その通りにしないと言ったほうが正しいのかもしれません。なぜなら、私の顔はモデルの顔とは違うから。

ひとりひとり顔には個性があるし、年齢を重ねればなおのこと、顔はいろいろな意味で〝複雑〟になります。それなのに、ひとつの理想形に当てはめるなんて、無理に決まっています。

このようなお客さまの声を聞いているうちに、みんなが、そして私自身が求めているのは、「私の顔へのアンサー」なんだと気がついたのです。

何気ない日常の中で、経験や知恵を重ね、判断力や包容力、品格や思いやりが育まれている大人の女性たち。人生の折り返し地点を過ぎたからこその自信と余裕に満ち、本来なら、その充実感でどんどん美しくなれるはずなのに、自分の顔が好きになれないなんて、こんなにもったいないことがあるでしょうか？　自分の顔を好きになるだけで、もっと私たちは幸せになれるはずなのに。

化粧品を提供するだけでなく、自分自身でメイクできるところまで責任を持って初めて、美容は意味がある。次第に、自分の思いが明確化していきました。

「若創り」テクニックはこうして生まれた！

こうして「したいこと」の輪郭が見え始めた私に、大きな決断をさせたのは、メイク教室で出会った、ハンディキャップを持つある女性からの一通の手紙でした。

「障害者の気持ちを少しでもご理解いただき、うれしく思います。デパートやホテルなどで、窓ガラスに映る自分の姿を目にしては、涙がぽろぽろと流れていました。そんな時、この講座を知ったのです。初回、とても怖かったと記憶しております……。でも、今は違います。あと1年でハイヒールが履けるようにリハビリをがんばると、先生と約束をしましたし、主人、子供が私の笑顔に喜んでくれています。ありがとうございました」

「先生、障害者でもメイクしておしゃれしてもいいわよね？」とおっしゃるこの女性は、次にお目にかかるのが楽しみになるほど、前向きで健気《けなげ》で素敵なマダム。レッスンの最終日、雨が降った時には、「杖をつきながら傘を使っていらっしゃれるかしら？」と気が気ではありませんでした。ところが、私の心配をよそに「主人がそこまで、送ってくれたんです」と、明るい表情で教室に来てくれたのです。

この女性は、本当に幸せなのだと思いました。同時に、この奥さまと一緒にいるご主人もお子さまたちもきっと、幸せに違いないと思ったのです。

「杖」を「ハイヒール」に換える希望とエネルギーを与えたのは、紛れもなく、美容の力であり、メイクの力です。美容もメイクも、些細《ささい》なことですが、こんなにも女性を幸せにする力がある。ずっと美容に携わってきた私だからこそ「できること」があるのではないか、そう確信しました。

そこで、大人の女性向けに、それまで誰にも教わらなかったメイクやスキンケアを学び、美しさと若さを手に入れるための「若創り学教室」を始める決意をしたのです。

教室と言っても、先生が一方的に教えるだけで「はい、終わり」ではありません。生徒さんがひとりひとり自分の顔に一番合う、自分の顔向きのメイクを見つけ、自分のものにすることを目標にしています。自分の顔ですから、みなさん真剣です。先生に「私の場合はどうしたらいいでしょう?」と聞いて、自分の顔を若々しい顔につくっていくのです。

大人になったら、誰もが同じメイクのはずがない。自分の顔に合う、若々しいメイクが必ずあるはず。そして、そのメイクを味方につければ、大人は誰しも幸せになれる。

それは、言葉で表せるような簡単なルールです。「もう知っているわ」と言われる当たり前のことから、「へーっ、それだけで変わるの?」という目から鱗《うろこ》が落ちるテクニックまで。言い換えれば、「大人の知恵」なのです。

ちなみに、この章の冒頭で触れた「自分の顔が嫌い」と言っていた女性も、じつは、メイク教室が終わったあと、こんな名言を残してくれました。

「自分の顔、全部好きになっちゃった」

自分の顔がほんの少し変わるだけで、気持ちが変わり、周りが変わり、毎日が、人生が変わると知ってもらうために。大人の女性に美容の力、メイクの力を再認識してもらうために。もっと笑顔にあふれ、もっと幸せになってもらうために……。

自分の力できれいになることの価値

実際、教室を始めてみると、大人の女性たちの本音がクリアに見えてきました。

「カウンターで若い美容部員さんにメイクしてもらうときれいなんだけど、ちょっと違うのよ」

「今さら聞けない、基本の『き』を教えて欲しい」

「若いころのメイクが似合わなくなった」

「年齢とともに顔は変わってるのに、化粧は昔のまま。これではいけないと思って」

「情報がありすぎて、結局自分の顔をどうメイクしていいかわからないまま」

「知っているテクニックをすべて生かそうとして、失敗してしまう」

誰しも若いころはそれなりに、自分の顔に興味を持ち、美容にも時間をかけていたはずです。ところが、年齢を重ねるにしたがって、すっかりメイクというものから遠のき、図《はか》らずも老化がむき出しになっている人、一方で、美しかったころのメイクを引きずって、顔が古くなり、気づかないところでかえって老化を目立たせている人。どちらにせよ、心のどこかで疑問や違和感を抱いているのです。

そこで、「若創り学教室」では、自分の顔を主観的にも客観的にも、きちんと判断してもらっています。年齢とともにおこっている自分の顔の変化を正しく知ることから始めるのです。

すると、不思議なことに、自分の顔の変化について語る時、みなさん、人生を語り始めます。

たとえば、「20代のころと比べて顔がどうなりましたか？」と質問をすると、目尻が下がった、ほうれい線が目立つようになったと、冷静に顔の変化を指摘しながらも、「あのころはハマトラで、ブルーのアイシャドウを塗ってサンローランの靴を履いて、横浜に行っていた……」など、思い出話に花が咲くのです。また、主人にこう言われた、娘にこう言われたと、家族との関係を語り始める人も多くいます。

メイクを通して今の顔に向き合うことで、その人自身の生き方や人生までつぶさに見えてくるのです。

そして、もうひとつ、この教室でユニークなのは、先生はもちろん、生徒同士も他人の顔の美しさを見つけ、ほめ合うということ。多くの人が、自分では気づかなかった、あるいは嫌いだと思っていたポイントが、他人から見ればむしろ、チャームポイントであることを知るのです。同時に、自分が気にしている欠点は、意外と他人にはそう見えていないことにも気づかされます。

ちなみに、教室に参加してくれたある女性の言葉。

「みんなで一緒にすっぴんになって、メイクするって、楽しいのね」

それもそのはずです。巷で出回っているメイクの情報はきれいなお手本ばかりで、そのメイクが自分の顔に合うとは思えない。ましてや、鏡に映る顔は、若いころとは決定的に変わっています。

だからこそ、今の「私の顔」に合うメイクを学ぶのです。自分で、自分が若く見えるメイクを学ぶ。これが「若創り学教室」です。

教室では「他人の力」のようでいて、じつは「自分の力」できれいになっていきます。だから、「満足」で「楽しい」、結果的に自分の顔が好きになるのです。

若いころよりも美しい、それが、「若創り」

私が考える「若創り」とは、文字通り、「若さを創る」こと。不相応な若作りのことでもなければ、あのころの若さを再現することでもない。今の自分をすっかり変えてしまうことでもない。新しい若さと美しさを「創り」出して、若いころよりも美しい大人になる、「ほんの少し」のヒントです。

目標は、「気持ち」と「見た目」のギャップをなくすこと。

私たちが行ったアンケート調査によると、実年齢と気分年齢の差は、30代は平均マイナス5.2歳、40代は平均マイナス7.7歳、50代は平均マイナス13.7歳。もちろん、気分年齢が若いのです。それは、60代、70代、80代と上にいくほど広がります。

気分はいつまでも若い一方で、実年齢と肌年齢の差は、30代でマイナス3.2歳、

年齢を重ねるほど、実年齢と気分年齢の差が開く

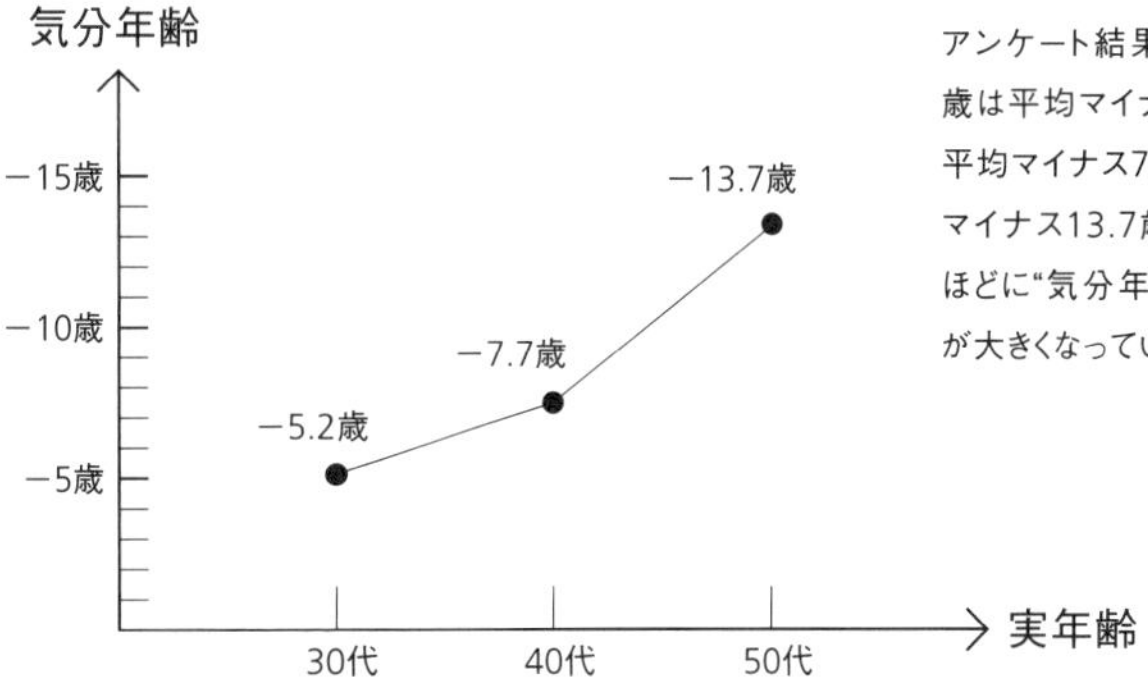

アンケート結果を見てみると、30歳は平均マイナス5.2歳、40代は平均マイナス7.7歳、50代は平均マイナス13.7歳と、年齢を重ねるほどに“気分年齢”と“実年齢”の差が大きくなっていくという結果に。

メイクをした時、
実年齢からどのくらい若返ると思いますか？

[30代]	[40代]	[50代]
1 実年齢と同じ……22%	1 マイナス5歳 ……32%	1 マイナス3〜4歳 ··32%
1 老けて見える ……22%	2 マイナス1〜2歳 ··24%	2 マイナス5歳 ……16%
3 マイナス5歳 ……17%	3 マイナス3〜4歳 ··15%	2 マイナス6〜7歳 ··16%
4 マイナス1〜2歳 ··13%	4 実年齢と同じ……8%	4 マイナス1〜2歳…12%
4 マイナス3〜4歳 ··13%	4 マイナス10歳 ……8%	4 マイナス10歳 ……12%
6 マイナス6〜7歳 …9%	4 老けて見える ……8%	6 実年齢と同じ……9%
7 マイナス8〜9歳 …4%	7 マイナス8〜9歳 …5%	7 マイナス8〜9歳 …3%

Say意識調査（2012年4月 インターネット調査実施：全国30 〜 59歳女性 100名対象）

40代でマイナス3.7歳、50代でマイナス3.7歳。見た目年齢との差は、30代でマイナス3.8歳、40代でマイナス5.0歳、50代でマイナス5.6歳と、せいぜい3〜5歳止まりで実年齢とのギャップはそれほど大きくないことがわかります。

しかも、「メイクをしたとき、実年齢からどのくらい若返ると思いますか？」という質問に対して、30代は実年齢と同じ、老けて見えるが同率1位。40代ではマイナス5歳、50代はマイナス3〜4歳が1位。世代を問わず、今のメイクでは気分年齢に近づけていないということがわかりました。

つまり、気分年齢ほど若くない肌年齢や見た目年齢とのギャップを埋めるのが、ずばりこのメイク。すなわち、軽やかでしなやかな気分年齢に、肌や見た目をできるだけ近づけること、それが「若創り」の最大の目標なのです。

ただ、若く見せようとすると、シワを隠したファンデーションが肌色の線になったり、下がった目尻をリフトアップしたつもりがアイラインだけが目立ったりと、痛々しさが際立ち、美しさから遠のくことがあります。

一方で、美しく見せようと完璧なメイクをすると、ファンデーションが分厚くなったり口紅が濃くなったりと、メイク感が強調され、もっと老けるという矛盾が生じることも事実です。

気分の若さに見合う見た目。自分の顔が好きになる美しさ。「若創り」は、この両方を実現することを目指しているのです。

これからご紹介するのは、今まで雑誌も教えてくれなかった、いわば当たり前だからこそ見失っていた方法。お手本のメイクに近づけるのではない、自分の顔に合わせて若々しくなる、そんな、誰もが生かせる〝知恵〟です。ですから、あえてお手本は示していません。「なぜ、私たちは老けて見えるのか？」という、今まで目を背けてきた老化の正体をきちんと知るところから始め、ひとつひとつ解消したりカモフラージュしたりするためのテクニックばかりです。

ですが、決して「すべてのテクニックを使え」という意味ではありません。自分に必要なところだけ、自分にできるところから始めてみてください。少し生かすと少し変わる、するともっと変わりたくなる……。

そして、見た目も生き方も、年齢とともに生き生きしていく自分に出会って欲しいと思います。若いころ以上にきれいになるのは、これからです。

あなたが笑顔になると、家族が友人が、周りが笑顔になります。あなたが幸せになると、周りも幸せになります。そう、「若創り」は、笑顔や幸せを循環させるもの。些細でありながら、ドラマティックなもの……ぜひ、あなた自身が体験してください。

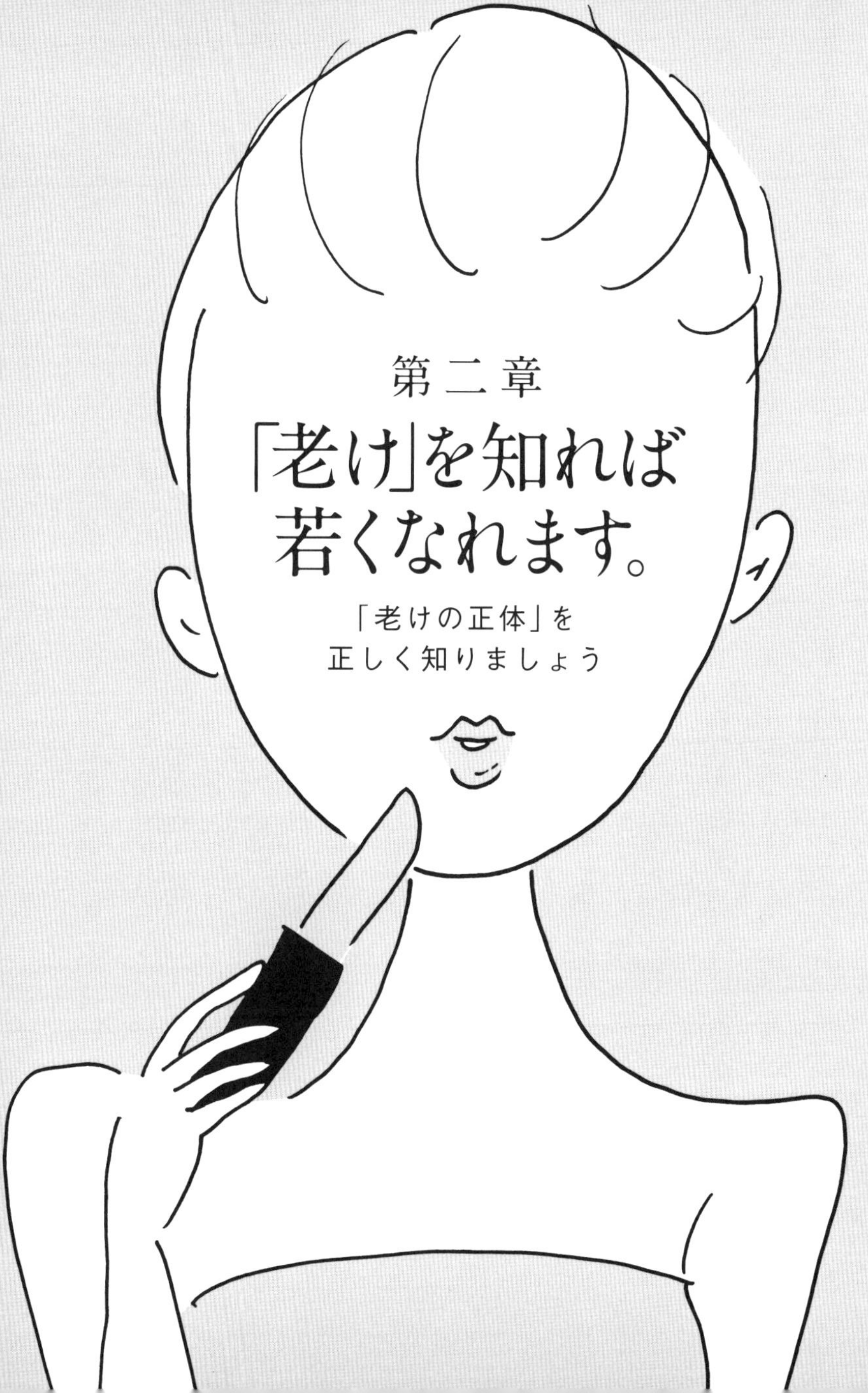

第二章

「老け」を知れば若くなれます。

「老けの正体」を正しく知りましょう

大人は、メイクするほど老けていく

「自分の顔で一番好きなところはどこですか？」「若いころと比べて変化したところはどこですか？」……「若創り学教室」でまず、みなさんに投げかける質問です。

中には、自分の顔が持っているもともとの長所や短所を答える人もいます。一方で、老けが目立たないところと顕著な老けのサインを答える人も多くいます。答えがどうであれ、この質問は、今の自分の顔を正しく見つめる「きっかけづくり」のためのもの。

要するに、自分の「現在」に対する「気づきの一歩」です。今まで誰も教えてくれなかった「顔の正体」「老けの正体」を知るところから、スタートするのです。

20年前の顔と今の顔では、どこがどう変わったのでしょうか？
シミやシワ、目尻の下がりやほうれい線など、わかりやすいサインにはみなさん、気づいています。でも、それはあくまで、表面的な顔老けのサインにすぎません。美容やメイクとずっと身近にいた私自身でさえそうだったように、じつは気づいていないことのほうがたくさんあるのです。

顔老けの「メカニズム」を知らないまま、昔のままのメイクをしても、若さも美しさも手に入りません。

義務でただなんとなく繰り返している「20年前メイク」も、ただひたすら老化サインを隠そうと必死になる「やりすぎ若作りメイク」も、はっきり言って無駄。いいえ、無駄どころか、残念なことに、歳を取ると「メイクするほど、老ける」。逆に顔老けを目立たせるばかりなのです。

それはなぜなら、「老け」を隠そうと、メイクがどんどん厚く、濃くなるから。その分、若さという「清潔感」が減っていくからです。

40歳を過ぎたら、顔はどう変わる?

シワ、シミ、たるみ、くすみ、目の下の影、口角の下がり、ほうれい線、白目の濁《にご》りも歯の黄ばみも……「老ける」とは、すなわち、清潔感を失うことに他なりません。

街で見かけるバレエ少女を思い浮かべるとわかりやすいでしょう。ひっつめた髪が強調する、きゅっと引き締まり、ぱんと弾力があり、つるんとなめらかな顔……あの顔カタチ、艶、ハリ、透明感こそが、清潔感。シルエットの緩みや色むら、凹凸《おうとつ》のない「シンプルな顔」です。

ところが、年齢を重ねるごとに、緩んだりしぼんだり、下がったりたるんだりと、どんどん「複雑な顔」になっていく……。そうして、清潔感が失われていきます。

そう、若い印象と老けた印象の差は、すなわち、清潔感の差。清潔感を失っていくことが老化なのです。

赤ちゃんの笑顔に誰しも引きつけられるように、純白の花嫁姿に誰しもはっとさせられるように、清潔感は、女性を美しく見せる最も大切な条件に違いありません。

年齢を否定したり抗《あらが》ったりごまかしたりするのではなく、年齢に向き合い、自分の顔と老けを正しく知る。その上で新たに清潔感をプラスする。そして、年齢を重ねた豊かさを際立たせる。すると結果的に若々しく見える……そんな真の大人の美しさこそが、「若創り」です。

がんばりすぎると、清潔感を失う。手間をかけないと、これもまた清潔感を失う。この「加減」をきちんと知ることが、大人の清潔感につながります。

人は、至近距離で相手をじーっと見つめるというより、少し離れたところからぱっと見て、年齢を判断しているものです。だから、このシワ、このシミをなんとかするより、若さ、そして美しさという「印象」をつくり出すほうが重要。そ

大人になるにつれ、いやな影と線が入り、
輪郭はもやもや……。
髪だけでなく、まつ毛や眉も少なくなって……。

ぱーんと張ってすっきりとした若い顔。
影や線など余計なものもなし。
肌には艶もあって、くすみのない明るい色。

のためには、大人ならではの知恵が必要なのです。それが、「若創り」のポイントに他なりません。

そこで、まずは、化粧品会社も美容雑誌も今まできちんと触れてこなかった「老けの正体」について解説します。

「色老け」「立体老け」「形老け」「配置老け」「毛老け」「メイク老け」「思い込み老け」「表情老け」と老けの正体を8つのカテゴリーに分け、細かくリストにしました。そうそう、と納得することもあるでしょう。知らなかったと驚くこともあるかもしれません。ぜひこのリストを手に、自分の今の顔を観察してみてください。

最初はショックかもしれません。でも、「敵」は見えないから怖いのです。その全貌を正しく把握すると、不思議と気持ちが楽になるのを感じるのでは？　そして、きっと、あなただけの老け攻略法が明確に見えてくるはずです。

老けの正体①　**色老け**

「顔色が衰える、透明感が消える」

なんとなく、急に老けた……鏡の中の自分にそう感じるのは、シワやたるみが増えたというより、むしろ、顔色が衰えたせい。周りに与える全体の印象は、じつは顔色が決めているものです。この衰えが、清潔感を奪う最大の要因とも言えるのです。中でも、青ぐすみ、赤ぐすみ、黄ぐすみの3つの色の変化は、透明感のある白い肌を遠ざけ、5歳も10歳も老けた印象にします。

青ぐすみ

年齢とともに血行が悪くなり、血色の赤みが減ります。それは残念ながら、若いころ経験した貧血の透けるような青白さとは異なるもの。大人になると、透明感を失うことでどんよりと暗くなるくすみと相まって、青ぐすみになります。体調が悪い時「顔色が悪い」と言われる、あの色をイメージするとわかりやすいでしょう。

赤ぐすみ

肌表面の毛細血管が拡張し、血液の色が透けて見える、いわゆる「赤ら顔」。若いころからコンプレックスを抱えていた人も多いでしょう。このタイプの肌に、大人特有のくすみが加わっておきるのが、赤ぐすみ。頬を中心に広く赤茶けたような肌色は、老け感に直結します。更年期からくるほてりも、この赤ぐすみに入ります。

黄ぐすみ

炊いたお米を放っておくと時間とともに黄色くなるでしょう？　これと同じ現象が、肌でもおきているのです！　これが「糖化」。年齢を重ねるごとに肌の材料であるタンパク質が糖と結合し、茶色く硬くなります。黄みを帯びた日本人の肌が、大人になるほどに透明感を失ってくすみ、加えて糖化でさらに黄ばんでいく……これが黄ぐすみです。

シミ・色むら

ひとつの老化現象でもあるシミや色むらによって、肌全体の均一感が失われ、年齢を表す複雑な肌色の大きな原因になります。

クマ

血行不良や色素沈着、たるみやくぼみなどによる目の下の影。疲れ感が老けにつながります。最もカバーしにくい色むらです。

歯の黄ばみ

意外に見落としがちなのが、歯の黄ばみ。毎日見ているからこそ、変化に気づきにくいパーツです。肌の色が黄ばんで見える要因にもなります。

鼻の下のうぶ毛（ひげが濃くなる）

なんとなく気づいている人もいるでしょう。年齢とともに、ホルモンバランスが乱れると、女性ホルモンが減って、男性ホルモンが優位になるため、鼻の下のうぶ毛が濃くなります。ひげが濃くなるのです！　これがくすみに見え、老化のサインになります。

キメの粗さ、毛穴の目立ち

キメの粗さ、毛穴の目立ちも、小さな影が「集合体」となって大きな影になり、全体のくすみに見えるため、老け感につながります。

老けの正体②

立体老け

「いやな影が入ってくる」

若いころは無駄な凹凸のない、つるんときれいな立体だったはずなのに、シワができ、たるみができ、顔のあちこちにいやな影が入っていた……ふと、電車の窓に映った自分の顔を見て、愕然としたことがあるのではないでしょうか？　いろいろなところに影ができ、顔が複雑になってしまうのが、「立体老け」です。8つのカテゴリーの中で、誰もが最も気づきやすいサインとも言えるでしょう。「若創り学教室」で「なんとかしたい」という声が多く聞かれるのも、この立体老けです。

目の下のたるみ

目の下の薄い皮膚が緩み、袋状のたるみができます。ポケットのように濃いUの字形の影が入る人もいます。

ほうれい線

子供がおじいちゃん、おばあちゃんの絵を描く時、決まってこの線を入れる!? それほど、典型的な老化サインとも言えるのが、ほうれい線です。小鼻の脇から口角に向かって〝ハ〟の字に入る線で、顔にできる最大最長の影。「若創り学教室」でも「どうしたら、ほうれい線を消すことができるの?」が最大の関心事です。

目頭の下から頬を斜めに横切る線（ゴルゴライン）

鼻筋の横、目頭の下1㎝くらいのあたりから外側に向かって頬骨の下（頬の中心）を斜め45度下に横切る線。通称「ゴルゴライン」とも呼ばれ、文字通り、あの有名な劇画『ゴルゴ13』からこう名付けられたようです。ほうれい線同様、年齢を重ねるにしたがって、影が次第に濃くなります。

耳のつけ根から頬骨の下にかけての影

年齢に関係なく、ほっそりした顔にはよく見られますが、昔のチークのような、耳のつけ根から頬骨の下に向かって斜めに入る影は、やつれた印象を与え、顔老けにつながります。歳とともに肌のハリが失われることで、現れる場合があります。

額のシワ

額の皮膚や筋肉が緩む。上まぶたの皮膚や筋肉が緩んだせいで視野が狭《せば》まる。老眼で文字が読みづらくなる……。年齢を重ねると、これらをカバーするために、下がるまぶたを持ち上げようと筋肉に力が入り、額に大きなシワができます。表情の癖でもあるので、若い時からこのシワが入っていた人は、歳とともによりシワが深く刻まれやすい傾向にあり、老け感を強調します。

眉間のシワ

怒ったり悩んだりと、マイナスの感情を抱いた時にできる、眉間のシワ。寝癖で

電車の窓に映った見覚えのある誰か。え？ 私？

目立つ人もいます。表情の癖は、歳を重ねるごとに肌に記憶され、深く刻まれます。シワそのものが老化サインであるのみならず、「幸せに年齢を重ねていない人」との印象で、老けて見せることがあります。

目尻のシワ

目尻からこめかみにかけて、放射状にできる表情ジワは、「からすの足跡」と呼ばれ、これも典型的な老化のサインです。プラスの感情で生まれる笑いジワなので、気にしすぎる必要はありませんが、深く刻まれると顔老けを強調します。

まぶたのくぼみ

歳とともにまぶたが落ち込み、たれ下がり、そこに影ができるように。若いころにはなかった立体感がいやでも出てきます。これがあると顔が疲れて見えます。

目頭下のシワ

目頭から、下に向かってまっすぐ縦にのびるちりめんジワ。目の悪い人が目を細める時にできるシワをイメージするとわかりやすいでしょう。目立たないようでいて目の下の影になり、意外と老け顔に見せています。

唇、唇の上の縦ジワ

顔の絵を描く時、ほうれい線同様、唇に細かく縦線を入れると、とたんに老けた顔になります。唇、そして唇の上部にできる縦ジワは「梅干し線」と呼ばれることもあり、老け顔に見せる典型的なシワのひとつです。

口角下のシワ（マリオネットライン）

ほうれい線の下に、もうひとつのほうれい線!?　ほうれい線に気を取られているせいか、気づいていない人も多いようですが、口角から下に向かって斜めに入る線も、顕著な老化サイン。口角を下げ、口元をへの字に見せて、5歳も10歳も老けた印象になります。このシワは、腹話術の人形の口元の線になぞらえて、「マリオネットライン」と呼ばれます。ほうれい線、ゴルゴライン、マリオネットラインと、3重の斜め線が揃うと、顔全体を下向きに見せ、老けた印象にします。

老けの正体③ **形老け**

「膨らんで、しぼんで、もやもやしてくる」

若いころと顔の輪郭が変わったと実感している人は多いはずです。骨格は変わっていないのに、肌が膨らんだりしぼんだり、そして、すっきりしていたはずのフェイスラインがもやもやしてくる……これが「形老け」です。40代、50代、60代と、年齢を重ねるほどに、もやもやの範囲が広がり、顔が大きくなります。これも典型的な老化サインなのです。

あごのラインがもやもやする

20代のころは、耳からあご先にかけてのフェイスラインがくっきりとしていて、あご先もとがって見えたはず。骨と肌はぴたりとフィットして、ハリをキープし、引き締まっていたはずです。年齢を重ねるごとに肌が骨から離れていくイメージでしょうか。そしてあごのラインが乱れてきます。加えてあご下の肌も緩むので、フェイスラインのもやもや感と相まって、二重あごに見え、老けた印象になります。正面顔ではさほど気にならない人も、鏡を下に置いて覗き込むと……？　きっと愕然とするはず！　自覚がない人ほど、危険なポイントです。

口元の肉がもたついてくる

40代になると、口元の肌が緩んで、もたついてくるのと同時に、口の脇あたりのフェイスラインが少し膨らんできます。すると、両方が相まって、凹凸が強調され、老けて見えます。

顔が大きくなる（顔の下半分）

そして、形の崩れは下へ下へと広がり、顔、もっと言えば頬から下の顔の下半分が大きくなります。重力に逆らえないのは、身体と同じこと。上半分の緩みも次第に下がり、下半分の緩みと一緒になって、下半分が弱点になるのです。年齢を重ねるほどに、顔の印象がどこかだらしなくなり、太っていないのに「太った？」と言われがちなのは、そのため！

こめかみが凹《へこ》んでくる

私たちがフェイスラインの変化に気づくのは、耳からあごにかけてのラインですが、じつはそれよりも先に、顔のもっと上、こめかみや頬骨の下あたりが凹んでくることから始まります。意外と気づいていない人も多いようですが、この凹みの影が老け顔に見せます。

老けの正体④ **配置老け**

「下がる、そして長くなる、上がる、そして広くなる」

年齢とともに、顔全体が下がってくることは誰もが自覚しているでしょう。同時に、いろいろなパーツが下がっていることも。目元も口元も、眉尻も頬の位置も……ところが、顔の中でひとつだけ上がるパーツがあることに気づいていましたか？　じつは眉の位置。こうして、顔全体が下がるのに加え、さまざまなパーツの位置が変わり、若いころのパーツの配置とは少し異なってきているのです。これが「配置老け」。配置が変わり、上まぶたや鼻の下が広くなることで顔の印象が間延びして見え、縦長になる……。この配置老けこそ、美容にずっと携わっていた私でさえ初めて気づかされた、驚きのメカニズムなのです。

口角が下がる

今まで似合っていたはずの口紅に違和感がある、口紅がうまく塗れなくなる、ほうれい線が目立ってくる、口角の先に影が出てくる、会話する時、上の歯が見えなくなる、いつも不機嫌そうに見える……これらはすべて、口角が下がっているサイン！　目尻の下がりは、同時に「柔和な顔」に見えるという側面もありますが、口角の下がりは、老化を強調するのはもちろん、顔の印象ががらりと変わり、不機嫌そう、不満そう、怒っていそう……と、「不幸そうな表情」をつくります。目元がその人の表情や印象を決めていると思いがちですが、年齢を重ねると、顔の下半分が目立ち、それが全体の印象を左右していることに気づきます。ほうれい線、マリオネットライン、口角の下がりと、顔の下半分の下向きの「矢印」が老け感を決定的にしているのです。

口自体の位置が下がる

口の周りは動くことが前提の構造になっているため、筋肉と骨がつながっていないパーツ。そのため、位置が変わりやすく、年齢とともに下がるんです！

唇が薄くなる

唇がハリや弾力、潤いを失い、ボリュームがなくなって、薄くなります。年齢とともに縦ジワが目立つのはそのため。特に上唇には顕著に現れます。

そして、鼻の下が長くなる

顔老けを決定的にする大きな変化。それは、鼻の下が長くなることです。口元の筋肉が緩み、顔全体が下がることで唇の位置が下がる上に、唇は薄くなり、特に上唇が痩せて口が小さくなる……そして鼻の下が伸び、顔の重心が下がるのです。こうして老け顔のバランスになってしまいます。

目尻が下がる

目力《めぢから》がなくなってきた、目が小さくなったように感じる、カラスの足跡が目立ってきた、アイラインがうまく引けない、こめかみの位置がすぐわかる、なんとなく黒目が小さく見える、眉尻が下がってきたように感じる……これらはすべて、目尻が下がっているサイン。顔全体の肌が緩み、下がるために、目尻も引っ張られるように下がります。この下がり目尻が、顔に「見えない下向きの矢印」をつくり、さらに顔全体の下がり印象を強調します。

眉毛が下向きになる

目尻に引きずられるように、眉尻も下がります。すると、横に流れていたはずの眉毛が下向きになり、顔全体の下向き感を強調します。

眉だけ上がる

老化＝下がること。私自身もそう思い込んでいましたが、顔の中でひとつだけ「上がる」パーツがあります。それが、眉。年齢を重ね、上まぶたの緩み、たるみから狭まった視野を広げる、老眼のせいでものを遠くに置いて目を凝らして見る……知らず知らずのうちに眉を引き上げて、それが癖になっています。本や新聞を読む時の表情を思い浮かべてみてください。まさにあの表情が顔に記憶されているのです。この表情の癖で、眉の形が変わります。中央部分は上がり、眉頭と眉山は下向きと、アーチ型になっています。エレガンスの象徴のはずだったアー

若いつもりで娘と同じような格好。
でも、顔の配置は違いますから!

チ型の眉が、40歳から老けて見えるのは、そのためなのです。

そして、上まぶたが広くなる

これも、気づいていない人がほとんどではないでしょうか？　眉が上がり、眉毛が薄くなり、眉の下側の毛が抜けてくる、まぶたの皮膚が緩み、たるみ、重くたれてくる、眼球を支える筋肉が衰えて眼球そのものが下がり、それにともなって上まぶたも下がる……こうして、若いころよりも眉毛と目の間の上まぶたが広くなります。上まぶたが広くなると顔が間延びして見え、顔老けは決定的なものに！

老けの正体⑤ **毛老け**

「毛が減る、すると顔立ちが変わり、印象が弱まる」

薄毛になった、ハリやコシがなくなった……私たちが気にするのは、頭の毛ばかり。でもじつは、顔の毛も老化の影響を受け、変化しています。もともと毛は、性ホルモンと深いつながりがあります。ホルモンバランスが乱れることで、毛が大きく変化して、顔立ちをすっかり変えてしまうほどの影響を与えます。これが「毛老け」。私自身も、顔の中の毛が老化するということに対してノーマークでした。でも、毛老けは、メイクでコントロールしやすいものでもあります。若さの象徴である毛を生き生き見せることで、若々しい印象に……そのためにも毛老けをきちんと知っておくことが大切です。

眉毛が減る

眉が濃いことがコンプレックスだったという人でさえ、年齢を重ねると「眉が薄くなった」と感じているはず。もともと薄い人は、なおのこと。それは、年齢とともに、眉毛の本数が減るのに加え、眉毛一本一本に力がなくなり、ボリュームダウンするからです。なお、若いころよりひんぱんに眉カットが必要になったという人は要注意。眉毛が下に伸びるのは、毛が少なくなっている証拠です。眉毛は、顔の印象をすっかり変えてしまうほど、重要なパーツ。眉毛の印象が弱まるほどに、顔全体の印象も弱まります。

まつ毛が減る、短くなる

これは自覚している人も多いでしょう。成長過程で本数が減り、まつ毛一本一本がハリや弾力を失い、短くなっていく……そんな単純な老化現象はもちろん、ビューラーで酷使されたり、クレンジング時に目をこするなどの刺激が加わったりと、まつ毛は抜けたり切れたりしやすいため、変化しやすいのです。まつ毛が減ったり弱くなったりすると、目の輪郭がぼやけ、目の力を失います。

顔を囲む髪（うぶ毛）が減る

歳を取ると、髪の毛の量が減ったり、ハリやコシを失ったりしていくのと同様に、顔を囲むうぶ毛も減ります。これがまた顔全体を間延びさせ、顔老けを強調します。白髪染めをしている人の場合、生え際の部分がいち早く白くなってくるので、ますます顔の周りがぼやけてきます。

老けの正体⑥ メイク老け
「欠点隠したフルメイク、ナチュラルメイク、どちらも清潔感なし」

若々しく見せたいと、年齢サインをカモフラージュしたはずのメイクが、老けの原因になっていたとは！　カバーすればするほど、透明感や立体感が消え、人工的な印象に近づき、清潔感がなくなります。一方で、ナチュラルメイクは、若くてきれいな肌でないと、やはり年齢が浮き彫りになり、清潔感がなくなります。欠点を覆い隠した厚化粧も、欠点をさらけ出した薄化粧も、40歳を超えた顔を老けさせるのです。今のメイクが、あなた自身の実年齢よりも、余計に老けさせているとしたら……？　若いころのメイクのままなら、なおのこと！「メイク老け」こそ、瞬時に決別することが可能。気づいた人から、若く美しくなっていきます。

120%の厚化粧

シワ、シミ、くすみ……がんばって隠そうとするほどに、丁寧にファンデーションを重ねて重ねて……。残念ながら、周りには老け顔に映ります。

ファンデーションで埋まった毛穴、粗いキメ

開いた毛穴に、粗いキメに、ファンデーションがめり込み、詰まって、肌色の点々が影になった状態は、まさに「老け肌」の典型!

マットな肌

新鮮なりんごと干からびたりんごを思い浮かべてください。水分がたっぷりで、ぱんと弾けそうなりんごには艶があります。干からびると、皮がシワシワになり、あの艶がなくなります。肌も同じこと。艶は私たちが本能的に若いと感じる最重要ポイント。だから、艶のない肌こそ、老け肌なのです。ファンデーションもおしろいも、艶がない肌は光を吸収するため、化粧膜の分厚さを強調し、老けて見せるのです。

お粉の浮き

肌のキメを整え、凹凸の影を光で飛ばし、きれいに見せる役割を果たすおしろい。ところが、肌と一体化していないと、粉が浮いて、シワの部分だけが割れ目のように見え、かえってシワを強調してしまうという側面もあります。また、粉が浮くとファンデーションを分厚く見せたり、肌表面をマットに見せたりと、厚化粧感が増して、老けて見せるのです。

顔と首の色が違う

昔ながらの化粧の「副作用」。年齢とともに、顔と首の肌色の差が顕著になるのに加え、顔の肌色を「明るく見せたい」という思いから、無意識のうちにその差を広げている場合があります。大前提として、顔と首の肌色は、違って当たり前。気にするあまり、完璧に同じにしようとする必要はありませんが、違いがあまりに大きすぎるのは、違和感につながります。この色の差が大きければ大きいほど、厚化粧感が増します。

テカテカの肌

若々しい印象に艶は不可欠。でも、艶にこだわりすぎると、あるところからはテカリになります。〝ツヤツヤ〟は若さをイメージさせ、〝テカテカ〟は老けをイメージさせる。皮脂や汗のべたつきに見えたら、テカテカ。目立ちすぎるパールなど人工的に見えたら、テカテカ。あくまで自分自身の潤いやハリが光を反射しているように見えるのは、ツヤツヤ……その境界線を知りましょう。

ピンクみの強いファンデーション

肌から血色が消えて、顔色が悪い、だから赤みを含んだファンデーションで若く見せたい……40代以降の「ファンデーション神話」は未だ根強く残っています。でも、これは嘘《うそ》。もともとの肌色との差を強調することになり、くすんでグレーっぽく見せることに。

薄すぎるチーク

チークは「若創り」の決め手。その通りですが、薄すぎると、効果が中途半端になり、「自然な血色」のはずが「赤ぐすみ」に見えて、老け感の原因になります。

難しいからチークをつけない

チークはテクニックが必要だから自分にはできないと思い込んでいる人。過去に挑戦したことはあるけれど、どうしても上手につけられなかったために、チークから離れてしまった人。チークは血色と明るさをプラスし、ファンデーションを薄く見せて、若さをつくり出してくれるもの。チークなしは、老け感を強調するだけです。

濃すぎるコンシーラー

コンシーラーは味方につければ、シミやくすみを隠すすぐれもの。でも、使い方を間違えると、逆に敵になり、欠点をさらに目立たせます。隠したいと思うから、鏡にどんどん近づく。近づけば普通に生活していれば気にならないシミまで、気になり始める。さらにネガティブなポイントを探し始める。するともっともっと隠したいと思い、必要以上に使いすぎて、濃くなる。こうして老け顔へまっしぐら！　これでは悪循環です。コンシーラーはお掃除道具ではありません！　全部消そうとしても無理だし、それは逆効果だと知りましょう。

間違ったクマ隠し

クマも同じです。表面でなく肌の奥でおこっているくすみだから、なかなか消せないのに加え、大人はさらに凹みによる影が生じて範囲が広くなるから、さらに消しづらい。するとどんどんファンデーションやコンシーラーなどのカバー膜が厚くなり、老け感を強調します。

おしろいやハイライトのパール感

マットな肌の一方で、人工的なパール感もいきすぎると老け感を強調します。キメや毛穴、シワなど凹凸を目立たせて、かえって老けるのです。大人の味方になるパールは、一見わからないほど微細なものに限ります。パールのキラキラが目立つものは凹凸が激しくなる大人の肌には合わないのです。

きれいに描きすぎた眉

メイク好きの人やメイク上手な人が、老けて見える……なんという悲劇！　その最大の原因は、パーフェクトに描きすぎた眉。美しさを狙って長さや角度が強調されたドラマティックな眉は、顔をますます縦長に見せ、表情を奪って、老け顔をつくります。

太く濃いアイライン

他人の目に「ア・イ・ラ・イ・ン」と映るような存在感満点のアイラインは、どうしても無理やり感が生じ、痛々しさにつながります。

下まぶた際のアイライン

下まぶた際のアイラインは、よほどテクニックがないと、線が白目を強調し、いわゆる「あかんべえ」の状態に見えるのです。これも老け感を強調します。

大きく跳ね上げたアイライン

目尻の下がりをカバーするために、目尻の流れと逆らうように不自然に大きく跳ね上げたアイライン。メイクに失敗して、太いつけまつ毛が目尻に貼りついているよう!?「目尻に小細工しています」という人工感が見え見えで、かえって、目尻の下がりを目立たせます。

はみ出しリップ

薄くなる上唇、小さくなる口をカバーしようと自分の唇の輪郭より大きくはみ出してリップラインを取ると、不自然さが目立ち、老け感につながります。

カバーしすぎた唇

唇の赤み不足や、縦ジワが気になるからと、口紅で覆い隠すようにべったりマットに塗るのは、逆効果。昔の質感を引きずっているように見えて、老けます。

老けの正体⑦ **思い込み老け**

「20年前メイク&若作りトレンドメイクが古い顔をつくる」

若い時、「きれい」と言われていた人ほど、その時代のメイクを引きずる傾向があります。一方で、今という時代の雰囲気を感じ取りたいという感度の高い人もまた、若作りトレンドメイクにとらわれがち。どちらも、メイクだけが独り歩きして、実際の顔が置いてきぼりになり、ギャップが目立つ……結果的に古い顔になり、顔老けが強調されます。これが、「このメイクが自分をきれいに見せているはず」という勝手な思い込みが生む「思い込み老け」です。

メイクは順序を守るのが重要

メイクの順序を守ることに必死になると、それぞれのステップで完璧を目指しために、やりすぎメイクにつながり、老けた印象になることがあります。たとえば眉が気になってパーフェクトに描くことに気をとられてしまうという人は、アイメイクの最後にして、顔全体の強さを調整する。アイラインが苦手なら、アイシャドウの前にアイラインを入れて、線の目立ちを緩和させる。メイクの順序はもっと自由でいいのです。

メイクはパーフェクトを目指す

パーフェクトであるほど、老ける。それは、メイクをどんどん盛ることで、無理やり隠そうとする意図が見え、老け感が浮き立つから。40歳を超えた顔は、目立たせない、つまり力を抜いて仕上げたほうがいいところもたくさんあるのです。

ファンデーションは白っぽい色

肌は白いほうが若くて美しい。その思い込みから、白っぽい色を選びがちですが、もともとの肌色との差を目立たせて、もっとくすんだ顔に見えます。

ファンデーションは顔全体にきっちり塗る

全体に塗るほど、平面に近づき、立体感がなくなります。

ファンデーションは欠点を隠すために塗る

「隠す」ためと思ってファンデーションを塗るほど、素肌の艶感がどんどん消され、厚く濃くなります。日本人のファンデーション信仰からそろそろ脱却しましょう。

厚化粧に見えるからチークは塗らない

チークを塗ると、化粧が濃く見える、チークは若い人のもの……それは思い込み。上手に使えば、肌の透明感や明るさが増します。

チークは斜めに入れる

こめかみから頬骨の下に向けて斜めに入れて骨格を強調する……確かに、それが常識だった時代もありました。だからこそ、たったこれだけで古い顔になってしまいます。大人の顔には老化のため立体感が生まれています。もういい加減「チークは立体感をつくるもの」という思い込みや、彫りの深い欧米人の顔に憧れて、「立体感こそが美」、という呪縛から解き放たれましょう。

眉はアーチ型

眉はアーチ型が美しいという思い込みは、間違い。前述した通り、年齢を重ねるほどに、眉を上げる表情の癖から、誰しもアーチ型に近づきます。それをさらに強調するようにメイクすると、まぶたが広がり、縦が強調され、老け顔になっていくのです。

アイシャドウはグラデーションが絶対

グラデーションをしなくちゃ、たくさんの色を使わなくちゃとの思いから、凹凸の複雑になった目元にメイクをどんどん盛っていくと……結果、シワやたるみなど衰えだけが悪目立ちします。これも斜めチーク同様、立体感こそが美という呪縛。大人は顔が複雑になる分、引き算が必要です。

口紅は濃い色

ただでさえ、口元が下がり、顔の重心が下がるのに、濃い色の口紅で口を目立たせたのでは、顔のバランスが崩れるばかり。

リップライナーは必須

唇が薄くなる、口が小さくなる、口元が下がる……それなのに、唇をリップライナーで際立たせては、さらに老けが強調されます。

「似合う色」のワンパターン

肌色も目元や口元のメイクも、自分に似合う色はこれと決め、ワンパターンになると、やはり自分の顔だけが置いてきぼりになり、いつからか、老けが目立ち始めます。あくまで今の自分の顔があって、似合う色がある。思い込みによるワンパターンは顔老けの第一歩です。

老けの正体⑧ **表情老け**

「プラス5歳に見せる表情癖」

人の顔は、もともと喜怒哀楽を湛《たた》えているもの。たとえば能面で若い女性の顔を表現する「小面《こおもて》」がひとつの面で喜怒哀楽の感情をすべて表現するように、ふとした顔の表情で、心が見えるものなのです。つまり、口角を3㎜上げただけで喜びや楽しさの表情に見え、口角を3㎜下げただけで怒りや悲しみの表情に見える。上向きの表情は5歳若く見え、下向きの表情は5歳老けて見えます。「表情老け」こそ、心がけ次第で簡単に払拭《ふっしょく》できる老けのサインです。

下がった口角

マイナスの感情を抱くと、自然と口角が下がります。そして表情は癖になり、やがてその人自身の顔になります。これだけで、印象年齢プラス5歳。

下向き顔の二重あご

下を向いてばかりいると、緩み、たるんだ顔の下半分の肌がもたついて、二重あごになります。特に50歳近くになると、下を向いただけでもたつきが一層目立つ！　私自身がよ〜く自覚しています。自分ではあまり見えないけれど、他人は意外と目にしている横顔、二重あごはやっぱり全体的な老け印象につながります。

眉間の縦ジワ

口角の下がり同様、マイナスの感情は眉間の縦ジワを生みます。これも典型的な顔老けサイン。

額の横ジワ

緩み、たるみ、老眼……老化のせいでついついしてしまいがちなのが、まぶたを大きく上げる表情。額の横ジワは、まさに老け表情の積み重ねで生じます。

第三章

5歳若くなるための「若創り」テクニック38

「100点メイク」より
目指せ「70点メイク」!

「100点メイク」より、「70点メイク」

メイクとの出会いは、高校を卒業する時の、大手化粧品会社が主催する「メイク教室」だったという人、多いのではないでしょうか？　メイクをきちんと教えてもらう機会といえば、それくらいしかなかったように思います。

その後は、化粧品を購入する時にカウンターで使い方を教えてもらったり、友人同士で情報を交換し合ったり。とりわけ関心が高い人でも、せいぜい雑誌を参考に見よう見まねで挑戦してみる程度だったはず。

ハリのある若い顔には、ファンデーションもきれいにのるし、緩みのない若い目元や口元には、どんな色をのせてもそれなりに似合ったでしょう。ところが、年齢を重ねるにしたがって、「あれっ？」「こんなはずじゃない」と思うことが増える。メイクがかつてのような効果を発揮しなくなる。だからと言って、どうしたらいいのかわからない。そうこうしているうちに、楽しいはずだったメイクが「義務」になってしまうのだと思います。

つまり、顔は変化をしているのに、思い込みでつくり上げた自己流ルールをずっと引きずっている……メイクだけが若いころのまま置いてきぼりになって、その分、余計に老化だけが際立っているのです。

中には、気になる欠点が増えるたび、「隠したい」「ごまかしたい」と、若いころ以上にメイクがより厚く、より濃くなってしまう人もいます。真面目な人に多いのではないでしょうか？　その結果、第二章で述べたように、肌も目元も口元も、すべてパーフェクトに仕上げれば仕上げるほど老けて見えるというマイナススパイラルに。メイクが厚く濃くなった分、「老け顔」になってしまうことは否めないのです。

一方で、老化が目立つ自分の顔に落胆したり、嫌気がさしたりして、次第にメイクから離れてしまい、鏡を見ることさえしなくなったという人もいるでしょう。実際、教室でも長い間鏡を見ていないわ、という人が多くいらっしゃいます。

そこで、若創りの結論。

40歳を超えたら、メイクの上手な引き算が肝《きも》。

むしろ、「100点メイク」は必要ありません。「70点メイク」が大人をマイナス5歳、マイナス10歳に見せるただひとつの正解なのです。

ひとりひとり顔は違います。つまり、老化サインの現れ方も人それぞれ。ファンデーションが半分ですむ人がいるかもしれない。マスカラは必要ない人もいるかもしれない……。足すところ、引くところ、隠すところ、生かすところなど、必要なテクニックは違って当然です。

老けの正体をきちんと知る＝「知識」。その上で、自分の顔と向き合い、必要なテクニックを感じ取り、自分のものにする＝「知恵」。知識と知恵の両方を使いこなす「知性」があれば、ちょうど70点のバランスが可能なのです。

今までのメイクの呪縛から自分を解き放ちましょう。そして、一から新しい自分の若い顔を目指しましょう。

さあ、あなたの顔の「若創り」、いよいよスタートです。

肌&チークで、老けの8割を解消！

メイクの中でも、最も重要なのは、なんといっても肌づくりです。

肌の印象が、見た目年齢の8割を決めると言っても過言ではありません。

鍵はふたつ。

「ファンデーションを薄くする」ことと「チークを肌づくりの一部ととらえる」ことです。

本来、ファンデーションを使うのは、「肌の色や質感を均一に見せる」ため。雑誌のメイク特集でも、そう説明されています。だから「顔全体に同じ量を同じように塗る＝美しい」と思いがちです。しかも毛穴が見えなくなるまで塗り込めなくてはいけないとも思いがちです。

でも、これでは、ハリがなくなったことで、ただでさえ立体感を失いがちな大人の顔が、よりのっぺりした平面的な顔になるだけ。ファンデーションを全体に塗らなくてはならない決まりなんてありません。40歳を超えた肌は、むしろ、塗らないところをつくることで、素肌感や立体感を強調することができるのです。

同様に、チークに対しても、その目的は「平面的な顔を立体的に見せる」ことという思い込みがあるはず。しかし、大人にとっては、チークの役割は、失われた「血色を足す」ことです。顔の中心に血色が透けているかのように明るく透明に見せることで、生き生きとした素肌感を強調し、若々しく見えるのです。

つまり、大人のメイクは、今より「ファンデーションは半分、チークは2倍」でよいのです。教室に初めていらっしゃる女性たちを何気なく観察していると、ファンデーションはしっかり、逆にチークは控えめの逆の方がほとんど。みなさん、ばっちり決めたつもりのメイクで、ファンデーションとチークが逆転現象をおこし、かえって老けて見えていることが多いのです。

ファンデーションは「隠す」から「生かす」へ、チークは「立体感」から「明るさと透明感」へ、発想を180度変えましょう。今までとらわれていた「呪縛」から解き放たれると、肌は一気に垢《あか》抜けます。肌づくりに成功すれば5歳も10歳も若く見える。失敗すると5歳も10歳も老けて見える。つまり、その差は10歳にも20歳にもなります。年齢を重ねるほど、その差は大きくなると自覚して。

1 顔は鍋ではありません。クレンザーのようにゴシゴシ塗らない。軽～く、タッチ&ゴー塗りで

教室で改めて気づかされました。生徒のみなさんが、ファンデーションを塗っている手の動きの速いこと速いこと！　しかも、力が強すぎるのです。仕事に家事に子育てにとつねに時間に追われ、メイク時間も限られているからでしょうか？　ほぼ9割の人たちが、まるでクレンザーをつけて鍋を磨いているかのように、ゴシゴシ、パンパン。肌が悲鳴を上げるほどに、ファンデーションを力強くこすりつけたり叩き込んだりするのが習慣になっています。

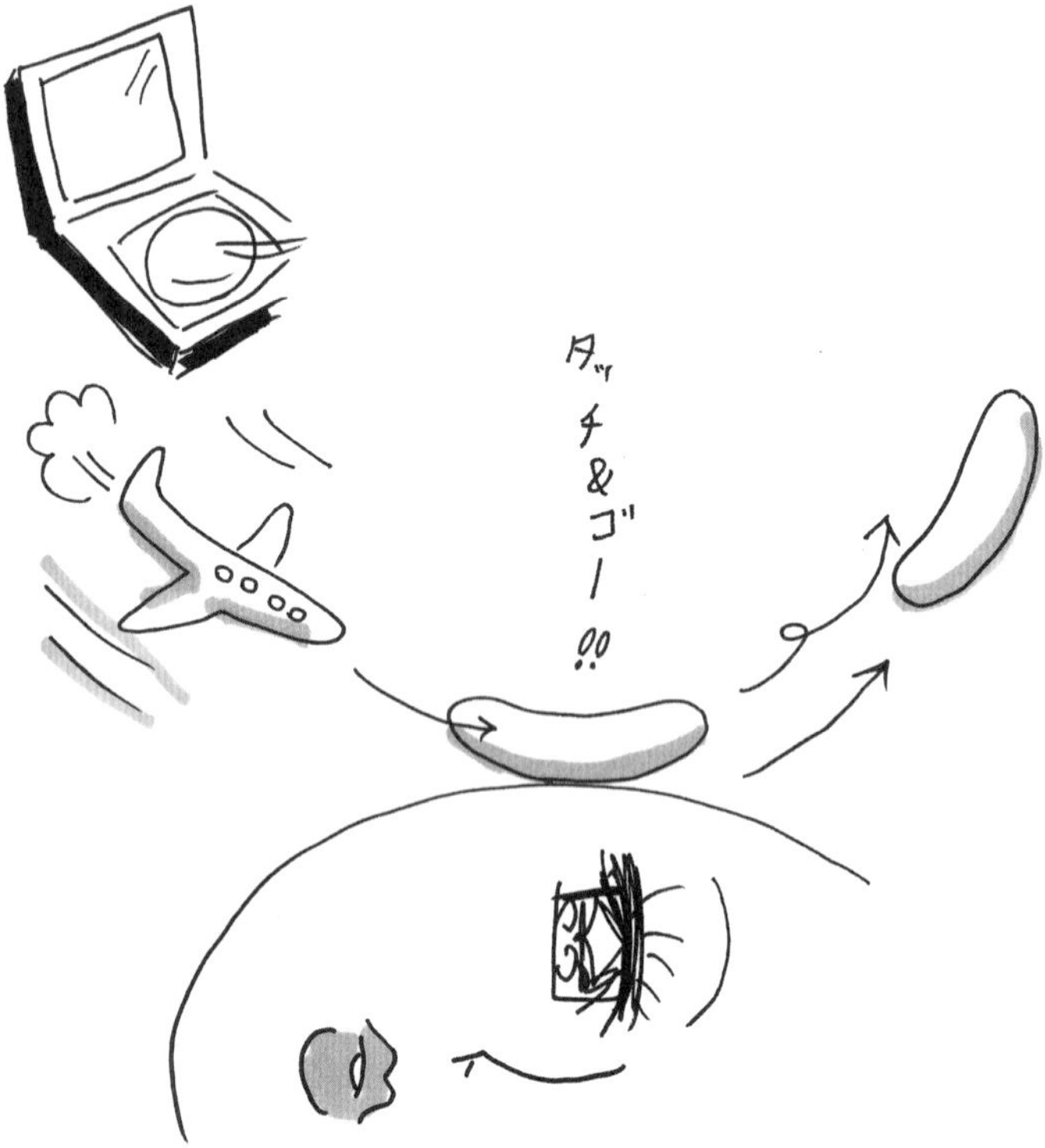

ファンデーション、ゴシゴシ塗るのはNG!
軽〜く、軽〜く、タッチ&ゴー

力が強いと、パウダーファンデーションをスポンジに取る時も、肌に塗る時も、必要量の何倍も余計についてしまい、厚塗りになります。

スポンジを持つ力、スポンジにファンデーションをつける力、肌にファンデーションをのせる力、すべて今の自分の常識を捨てましょう。理想は、羽根が触れるか触れないかくらいの力加減。教室で、実際、肌に触れて例を示すと、みなさん、「えっ、こんなに優しくていいの?」と驚かれるほどです。そのくらいを意識して初めて、ようやく半分くらいの力になっているものです。

まずは、「ファンデーションを塗る」という当たり前の習慣を、「軽く優しく滑らせるようにのばす」に変えましょう。

2 じつは素顔のほうが艶っぽい!?「年齢艶」を生かすベースメイクテク

自分の顔を鏡で観察してみてください。メイク顔より素顔のほうが、若く見える？　そう思うことはありませんか？

それも当然のこと。なぜなら、気づいていない人がほとんどだと思いますが、じつは、年齢を重ねているからゆえの「年齢艶」があるからです。

艶は潤いやハリ、なめらかさなど、美しいと認識される肌が持っている最大の特徴。若いころは肌の奥深くから発光するような艶がありますが、年齢を重ねるごとに、潤い、ハリ、なめらかさが失われ、次第になくなってしまうのです。

ところが、さらに加齢すると、皮膚が薄くなることで、若いころとは違う独特の艶が出てきます。この艶、確かに老化サインのひとつではありますが、裏を返せば、大人にしかない特権。せっかくの艶なのですから、利用しない手はありません。

生かすためのコツはとてもシンプル。「ファンデーションをできるだけ薄くする」こと、そして「粉っぽくしない」ことです。特に、白っぽいパウダーを「これでもか」というほど重ねるのは、まったくの逆効果。パウダーを少なくするだけで、素顔の艶が透けて、一気に若くなります。

3 「量と力は半分」でマイナス5歳、「時間と手間は2倍」でさらにマイナス5歳

人間、誰しも都合の悪いことは隠したいものです。肌の欠点を隠したい、ごまかしたい、という思いが強いと、無意識のうちに、ファンデーションの量が増え、力は強くなっているものです。

一方で、「メイク＝義務」になり、額も頬も、目周りもフェイスラインも同じ量、鏡を見なくても目をつぶっても塗れるほどの「とりあえず塗り」になっていませんか？　ファンデーションをゴシゴシこすって、パンパン叩き込んで、肌づくりは1分で終了！　心当たりがあるはずです。

この分厚くマットな肌こそ老けの素。大切なのは、肌は覆い隠すものという呪縛から、自分を解き放つことです。

繰り返しますが、ファンデーションの量は今までの半分で充分。肌に塗る時の力も、半分を意識して、肌に触れるか触れないかぐらいの軽さにします。

シワも隠したい、シミも隠したい、凹凸も消したいし、くすみも消したい、目の下や口角の影も！　それらを「一度に」「手早く」隠そうとするから、どうしても分厚くなる。それぞれに適した方法で手間をかければ、隠したい部分は隠しながら、全体的には透けている印象がつくれます。量と力を半分にする分、時間と手間をかけて、丁寧に仕上げるのが若々しい肌づくりのコツなのです。

頬や額など、肌の広い面はスポンジをそのまま持って面をすーっ、すーっと使ってのばす。一方、目周りや口周りなど細かい部分は、スポンジを二つ折りにして、その角を使ってとんとんとなじませる。それだけでメリハリが生まれ、崩れにくくなります。さらに、ハイライトやチークカラーなどのアイテムをプラスすれば、立体感や生き生き感が生まれる……すると、ファンデーションはずっと薄く見えるはずです。

4
くすんだ大人肌とのつなぎ役、オレンジ系のコントロールカラーを味方に

もともと黄色がかっている、私たち黄色人種の肌。実感していると思いますが、残念なことに、年齢とともにくすみがひどくなり、さらに黄色みを帯びてきます。くすみとは、透明感がなく、明るさ、艶が失われた状態のこと。銀器を放っておくと、黒ずみが出たり、黄色く変色したりしますよね？ 同じようなことが肌でもおこるのです。

同時に40歳を超えた肌は、、血色が不足することにより、赤みが減っています。若いころのあのピンクがかった肌と疲れて見えるくすんだ大人肌の大きな差はここにあります。

この肌色老けを感じさせる「差」を埋めてくれるのが、メイク下地。それも、オレンジ系のコントロールカラーです。

これは、家を建てる前の地ならしのようなもの。下地で凹凸や色むらがある大

人の肌をならすために使います。

オレンジは、黄色に赤を足した色。だから、もともとの肌色に加えて、黄ぐすみがひどくなった大人の肌色が持っている「黄色」にするするっと溶け込みながら、失われた血色の「赤」を内側から自然にプラスするのです。

黄色だけだと、黄ぐすみがもっとひどく見える、赤だけだと肌色から浮いて不自然。だから、オレンジ色。大人の肌を救う、味方色と覚えておきましょう。

5 「中心→外側」「広い→狭い」塗る順序を守るだけで、自然な立体感を実現

ベースメイクすべてのステップにおいて、これだけは押さえたい、共通の「塗りの掟《おきて》」があります。それは、「中心から外側へ」「広いところから狭いところへ」向かって塗るという「順序」です。

下地もファンデーションもおしろいも、指やスポンジ、ブラシを最初に触れた

ところにたっぷり厚くつきます。つまり、顔の中心の広い部分である、両頬の真ん中と額の真ん中が一番濃くつき、顔の外側の生え際やフェイスラインに向かって、そして鼻や目周り、口周りの狭いところに向かって、次第に薄くなります。これでグラデーションのできあがり。この塗り方を守れば、誰でも自然なグラデーションが簡単にできるのです。

厚いところが明るく発色し、薄いところが影になる。たったこれだけで、メリハリが生まれ、立体感のある顔のできあがり。

6
逆転の発想。シワを消したいなら、「動く部分ほど薄く」塗る

外出先のトイレでふと鏡を見た時、目尻のシワに、ほうれい線に、ファンデーションがめり込んでいる自分の顔に愕然《がくぜん》としたことはありませんか?

目や口の周りは動きが激しいために、ファンデーションがよれやすく溜《た》まりや

すいもの。すると、シワがはっきりとした線で強調され、10歳も20歳も老けて見えてしまうのです。

それなのに、教室では「ほうれい線を隠すために、コンシーラーを塗っています」なんて言う人も！　これでは、隠すどころか、かえってシワを目立たせてしまうだけです。

この失敗を防ぐには、何より、シワの部分にファンデーションを塗らないか、ごく薄くつけるのが一番。動く部分ほどできるだけ薄くするのが、鉄則です。

ちなみに、5で述べた「狭いところ」とは、目や口の周りの、もともと皮膚が薄くて動きやすい部分です。だから「広いところから狭いところへ」は理にかなったルール。この順序を守るだけで、必然的にファンデーションを〝厚くつけたくないところ〟に薄くつくからです。

シワが気になる部分は、広い部分からのばしたファンデーションの残りをなじませる程度に抑え、スポンジの何もついていない部分でシワの上からとんとん、とんとん。余分なファンデーションを取り去って、最後に、手のひら全体で押さえて体温でなじませ、できあがりです。

7 隠したいなら、シミは「重ね塗り」、シワは「半塗り」

教室でみんなが無言になってしまうほど夢中になるのが、じつは「コンシーラー」です。

鏡でじっと見たとたん、「あっ、ここにシミが」「ここにも!」と「シミ退治」に躍起になる人……隠しても隠しても、大人の肌はキリがありません。

年齢とともに、欠点が気になり、自分の顔を嫌いになっていく気持ちはよくわかります。その奥に「隠したい」という思いが強くあるために、面白いように消えるコンシーラーをこれでもかというほどに塗りたくって、結果、塗りすぎて分厚くなってしまうという……。

「気になる欠点をカバーする」というと、「気にならないもの」までくまなく探し出して、徹底的に塗り込んで隠したいのが、人間の心理。でも、自分では隠したつもりでも、その分厚さで他人の目には「この下に何かあります!」とかえってアピールしているも同然です。

あえて提案します。コンシーラーはもう、いらない。むしろファンデーションの塗り方を工夫するほうが、ずっと自然にカモフラージュできる、と。

まず、シミには「重ね塗り」が効きます。

全体にファンデーションを塗ったあと、もう一度重ね塗りをします。パウダーファンデーションならスポンジを半分に折り曲げてその角を使って、シミ部分にとんとんと叩き込みます。リキッドやクリームなら、指先で同様にのせていきます。しっかりと密着させるのが、周りの部分となじませるポイントです。

一方、シワは「半塗り」で隠します。

もうすでに5、6のテクニックで述べたように、ファンデーションを薄くすることでシワは目立たなくなっているはずですが、まだ目立つようなら、ファンデーションがついていないスポンジで再度シワをこすらないようになぞることで、さらに余分なファンデーションが取れ、きれいになじみます。

なお、広いところでシワが目立つのは、額。横ジワが気になる人は、薄くしましょう。

また、シミもシワも、ベースメイクの仕上げに、指先でとんとんとパッティングするようになじませましょう。指先の温度でファンデーションが密着し、より自然に、時間が経ってもよれにくくなります。

8 ファンデで小顔完成①
「輪郭1㎝塗り残しルール」

第二章で説明したように、年齢を重ねると、顔が大きくなるというショッキングな事実に驚いた人も多いでしょう。だから、大人のメイクでは、きちんと小顔効果を狙うべき。それも「若創り」のポイントです。

最も簡単で効果的な方法は、正面から見た顔の輪郭1㎝には、ファンデーションを塗らないこと。掟破りのようですが、わざと塗り残すのです。

昔、ワントーン暗いファンデーションやシェイディングカラーを使って、輪郭に影を入れて小顔に見せる、いわゆる「シェイディング」をしていた人もいるのではないでしょうか？

そこで、「逆シェイディング」発想。

濃淡2色のファンデーションを使うのではなく、自分の肌より少し明るめのファンデーションと自分の肌の2色で濃淡をつくり、グラデーションがあるかのような錯覚を狙うのです。自分の肌を〝影〟と考え、明るく見せたい部分だけにファンデーションを塗るわけです。

結果、ファンデーションを塗っている部分は明るく見える、塗らない輪郭部分は影に見える、その錯覚効果で顔が引き締まって小さく見えるというわけです。特に、年齢とともにもたつきがちな顔の下半分には、効果的。この「1cm塗り残しルール」は、それだけで引き締め効果を発揮して、下半分をすっきりと見せるはずです。

5で述べた顔の「中心から外側へ」というルールを守るだけで、この効果を狙うことができるのです。

ちなみに、生え際やフェイスラインは、あとからスポンジでファンデーションを取るつもりで仕上げるくらいでちょうどいいバランスになります。

9 ファンデで小顔完成②
チークは「二段構え」の「くるくる塗り」

ベースメイクの一部であるチークも、使い方次第で小顔効果を発揮する、便利なツールです。

その昔、化粧品会社や雑誌があまりに「チーク＝立体感」と言いすぎたのでしょう。チークの目的を、日本人の平面的な顔を欧米人のように立体的に見せるためと信じ込んで、まだ頬骨の下から斜めに細長く入れようとする人も多いようです。

でも、これは大間違い。それだけで一気に「古い顔」になって老け印象につながります。同時に、顔の重心が下がり、縦長に間延びして、結果的に顔を大きく見せてしまうのです。

アンチエイジング効果と小顔効果を発揮するチークの塗り方は、「二段構え」の「くるくる塗り」。まずファンデーションのあとにオレンジのチークでベースをつくり、それからピンクのチークをくるくると丸く仕上げるのです。

なぜ、大人は「二段構え」が必要なのか？　それは、若く透明感のある肌なら、真ん中にピンクのチークをくるくる塗りするだけで充分でも、黄色くくすんだ大人の肌には、「くるくる塗り」をしたチークの色がくすんだ肌から浮いてしまうため、チークと肌の〝つなぎ〟が必要なのです。

そのつなぎ役を果たしてくれるのが、下地同様オレンジです。

まず、くるくる塗りのベースとしてオレンジのチークカラーを含ませたブラシで耳前から小鼻に向かって横方向に塗ります。

そのあと、頬の一番高い部分に、ピンクのチークカラーを含ませたブラシを置き、そこを起点にくるくると次第に丸を大きくしていくだけ。すると起点が一番濃く、外側に向かって薄くなるので、あっという間に、自然なグラデーションが生まれ、肌色との境目がなくなって、血色が透けているように見えます。

一度、くるくる塗りをしてみると、わかるはずです。縦長だった顔がきゅっと引き締まったように見えること。そして、不思議と目鼻立ちがくっきりと見えて、求心的な顔に見えること。そのダブルの効果で小顔に見えるのです。

洋服の着こなしで、首元にストールを巻くなど、ポイントを上半身につくりますよね。下半身から目線がそらされ、バランスよく見えるはずです。これは、下半身に重心が移る大人に効果的な着こなしの知恵ですが、メイクでも同様に、チークでポイントを上に持ってくることで、顔の「下半身」をすっきりと見せる効果を狙うのです。

ところで、教室でもよく、「つけすぎが怖くてチークがうまく塗れない」という声を耳にします。その人たちには「つけすぎたら消せばいい」とアドバイスしています。

何もつけないブラシでなぞったり、ティッシュで軽く押さえたり、あるいは、おしろいやパウダーファンデーションを薄く上から重ねてもいい。思い切って塗ってしまえば、案外うまくいくもの。怖がらない、躊躇《ちゅうちょ》しない、メイクは楽しく！　それが成功の秘訣です。

メイクもファッションも同じ。
気になる"下半身"は
目立たせずに、目線をUP!
巻き物を巻くように、
チークを上目につけるべし

10 チークは見せるスキンケア！ 肌に透明感が出て、清潔感アップ！

「若創り」メイクの最大の決め手は、ずばりチークです。チークは9で述べた小顔効果、顔の下半分をすっきりさせる効果に加え、スキンケアのような効果を発揮して、若い肌をつくり出すのです。

今の常識では、チークがつくり出すのは立体感ではなく、「血色」です。元気と健康の証、若さの象徴でもある、透明な肌から血の色が透けて見える生き生きした状態を再現して、透明感と明るさをもたらします。チークは〝見せるスキンケア〟と言っても過言ではありません。

「恥ずかしい」と感じた時、頬が自然にぽっと赤らむ感じを思い浮かべてください。それが大人チークの理想形。この理想形は8で述べた「くるくる塗り」なら、簡単にできます。

注意したいのは、広く塗りすぎないこと。なぜならチークの面積が広すぎると、血色のつもりが肌全体の赤ぐすみに見えて、逆効果になり、かえって老けて見えるからです。何事も「過ぎたるは及ばざるがごとし」です。

目安は、頬の一番高いところを中心にして、ＯＫサインのように親指と人差し指でつくった輪の中に収まるイメージ。鏡に近づきすぎるとチークの範囲が広くなりがち。塗ったら、鏡から離れて見る、また塗ったら鏡から離れて見る、といった具合に、全体のバランスを確認しつつ、塗ってみてください。

11 「色老け」解消チークの正解は、意外にも「青みの淡い」コスモスピンク

色選びの難しさも「チークが苦手」という人が多い理由のひとつ。

チークの理想は、あくまでも自分の肌の上で自然な血色に見える色。中でもおすすめしたいのは、青みを含んだ淡いピンク。コスモスのようなピンクです。

黄みの強い肌に青みピンク？　黄と青は相反する色なのに、と不思議に思うか

もしれませんが、青みは、血管が透けて見えた時の青を再現する色。若さの象徴である透明感や清潔感が、より強調されるのです。少女のような頬の自然な紅潮感は、色老けを一掃し、若々しさをつくり出します。

もちろん、大人の肌には、二段構えのチークのベースであるオレンジも必須。9で述べたように、オレンジは黄み肌とメイクを自然になじませる、お助け色。肌色と血色に一体感をもたらして、内側から血色があふれるような印象をつくります。

12

チークは笑って許して。ニコッと笑って一番盛り上がったところに入れる

9でチークの起点は、頬の一番高い位置と述べました。

それは、ニコッと笑って、筋肉がぐっと盛り上がった時のてっぺんのこと。チークを塗る時は、鏡に向かって口角を上げて微笑み、くるくると塗るようにしましょ

う。

ちなみに、笑った顔の頬のてっぺんと、無表情な頬のてっぺんでは、チークの位置は大きく違ってきます。鏡で確認してみてください。前者だと上がり、後者だと下がるでしょう？　つまり、無表情のままチークを塗ると、チークの位置が下がり、顔全体の重心も下がって、下半分がもたついて見える。つまり、老けた顔ができあがってしまうのです。

上機嫌にメイクする人ほどどんどん若返っていく、これが絶対の法則！

13

意外なテク！　鼻下に、眉下に「チークをひとはけ」で、顔が引き締まる

鼻の下、眉の下が間延びする……多くの人が驚いたのではないでしょうか？　私自身も、年齢を重ねて「顔がなんだか変わった？」と他人に指摘された時に、なるほどと納得したものです。

じつはこの間延びにもチークが効きます。

チークを塗り終えたブラシをそのまま使って（頬につけたあとの残りで充分）、鼻下、眉下に色をうっすら感じる程度に、すーっとひとはけするだけ。チークのきれいな色がうっすらと影をつくり、ほんの少しのシャドウ効果を発揮して、顔をきゅっと引き締めるのです。

ちなみに鼻下は、うぶ毛が生えている部分でもあり、年齢とともに毛深くなるため、青ぐすみがひどくなるところでもあります。このくすみを中和させる効果もあるのです。

そして、この何気ない「ひとはけ」は、日本人の顔の典型的な弱点である、鼻の下の「でっぱり」をカモフラージュする効果も。

また、両頬、眉下、鼻下がほんのり色づくことで、大人のチークで失敗しがちな悪目立ちを防ぐ役割も果たします。

ちょっとした近所への買い物程度なら、このメイクで充分。意外だけれど思いのほか、効果的なテクニックです。

14

あなどれないハイライトカラー①
最後のひとはけで「立体感」を補整し、「艶」をつくる

その昔、顔に立体感をつくるために、「凹ませたい部分」や「削りたい部分」にシャドウカラーを使っていた時代がありました。でも、それはもはや、「古い顔」。それだけではありません。影を演出する積極的なシャドウカラーは、大人の場合、くすみを助長し、さらに顔色を沈ませるので、避けるべきです。

大人の顔に効くのは凹より凸。つまり、凹んで見える部分をハイライトカラーで高く見せて、シンプルな顔に補整するのです。だから、若い人たちのハイライトとはまったく発想が異なります。

ハイライトを入れるべき場所は、まず、眉上の額の凹んだ部分。額をよく見てください。眉の上に凹んでいるところがありますよね。そこです。もうひとつは、目と目の間の鼻のつけ根のいちばん低い部分（鼻根部《びこんぶ》）です。ファンデーションのあと、これらの部分を、ハイライトカラーを含ませたブラシですーっと2～3

回なぞれば充分です。なお、鼻筋のハイライトは、大人には不向き。縦のラインを強調して顔を長く見せるからです。

大人のハイライトは「自然に」が大テーマ。選ぶべき色は、肌色の延長で、ほんのりと艶やかに見せる、明るいベージュ。一見わからないような微細なパールを含んだ、透け感のあるものがベストです。

そして、立体感をつくるハイライトカラー、じつは大人にとってはもうひとつのメリットがあります。

それは、透明感と生き生き感を同時に与えること。若さの象徴であるみずみずしい艶を感じさせ、若い印象になるのです。

15
あなどれないハイライトカラー②「やつれだるみ」も解消

ハイライトカラーにはさらなる活用法があります。年齢や疲れを感じさせる顔の凹み部分を膨らませて見せることで、影を消すのです。

たとえば、目の下のクマ、頬のこけている部分、こめかみ……など、顔全体を観察してみると、顔老けにつながる影があります。その部分に、ブラシでふわりと入れましょう。

たったそれだけで、やつれて見えたはずの顔色が一気に明るくなり、若々しくなります。たかがハイライトカラー、されどハイライトカラー、仕上げのほんのひと手間で見た目年齢がぐっと若返ります。

16

化粧のりがイマイチ？な日は、「手のひらプレス」を

たくさん眠ったはずなのに、一生懸命スキンケアしたはずなのに、なぜか化粧のりがよくない……40歳を超えると、そんな日が増えてきませんか？　今日は、女友達との久しぶりのランチなのに。今日は、ずっと楽しみにしていた同窓会な

のに。いつもにも増して、きれいに仕上げたいのに、ファンデーションが浮いている……それだけで老け感2割増し。楽しい気分も吹き飛んでしまいますよね。

そんな日は、手のひらをアイロン代わりにしてしまいましょう。

ベースメイクを仕上げたら、手のひらで顔全体を覆って、肌と粉を体温でなじませるように、しっかりと押さえます。両頬も額も、目周りも口周りもまんべんなく。

それだけで、ファンデーションの粉が肌の皮脂とうまい具合に溶け合って、自然な艶と透明感が生まれます。

じつはこの手のひらプレス、スキンケアでもよく行う方法。化粧品がしっかり肌になじんで美容成分が奥まで浸透するように行う、言わば、「肌アイロン」です。

化粧のりのよしあしに関係なく、ベースメイクの仕上げにこのひと手間を加えると、肌のクオリティがぐんと上がること間違いなし。また、外出先での化粧直しでも、浮いたファンデーションにさらにファンデーションを重ねて分厚くするより、この方法のほうが、断然、きれいな肌が再現されるはずです。

17

透明おしろいは、パフより ブラシでつければ清潔感アップ

キメを整える、透明感をプラスする、テカリを抑える……リキッドやクリームタイプのファンデーションはもちろん、パウダーファンデーションの場合でも、おしろいは、大人にとってお助けアイテムです。

「ファンデーションは薄く薄く」と言っているのに、厚塗りにならない？　と思う人もいるでしょう。いえいえ、心配無用。ここで言うおしろいとは、肌にぼってりとマットにつくものでなく、質感で艶や透明感を際立たせるような粒子の細かい「透明おしろい」。これは重ねることによってむしろ、素肌に近づけるような艶や透明感を演出する工夫がなされているからです。

おすすめしたいのは、おしろいに通常セットされているパフではなく、ブラシでつけること。「肌を押さえる塗り方」ではなく「肌を磨く塗り方」が大人に効くのです。

ブラシは、できれば市販されているおしろい用の大きめフェイスブラシを使うのが理想的。もちろん、手持ちのハイライト用のブラシでも代用可能です。

「肌磨き」のコツは、決して力を入れないこと。磨くといっても肌表面をくるくると軽くなでるだけです。その場合、ブラシを寝かせて使うとさらに艶が増して、素肌っぽくナチュラルになります。顔だけでなく首、デコルテにもつけると、横ジワがカモフラージュできます。キラキラが目くらましになってくれるのです。

この肌磨き、もちろん化粧直しにもおすすめですよ。

眉&アイラインで「配置老け」「毛老け」を解消

私たちは相手の目を見て話します。その時、美人に見える人は、目元の強さが印象的なもの。黒い眉、アイライン、マスカラ、この三つで話し相手の目線を引きつけ、印象をつくるのです。

ところが、眉とアイラインは、「若創り学教室」でも、最も「難しい」「苦手」という声の多いパーツです。

ただでさえ、ひとりひとりの顔は違う上に、年齢とともに配置が変わったり形が変わっていく。どんどん難しくなるのも当たり前です。

しかも、メイクで補整しようと一生懸命になるほど、眉やアイラインだけがどんどん濃く強く立派になり、悪目立ちすることになってしまう。結果的に痛々しさが見えて、老け感が強調されることもあります。

眉もアイラインも、加齢で移動したパーツやぼんやりとした目元を補整する、若創りのための重要なポイントだからこそ、「70点」が最も難しいのかもしれませんね。

自分の顔の変化をまず、きちんと把握して、理想的なバランスを見つけることから始めてみましょう。

18 年齢とともに上がる眉を元の位置に下げる

歳を取るごとに、眉の位置が上がっていたなんて！　思いもしなかった事実に驚いた人も多いのではないでしょうか？　美容界歴30年の私でさえ、初めて知った時は、思わず声を上げてしまいました。

生徒のみなさんはもちろんですが、なんと、ジャーナリストや編集者など美容のプロと呼ばれる人たちでさえ、まさか「老化で上がるところがあったなんて」と、大騒ぎ。想像だにできなかったようで、「初めて知った」「気づかなかった」「納得がいった」と言います。

上がってしまった眉を若いころの元の位置に戻すためには、どうしたらいいのでしょう？　下の位置に描き直す？　いえいえ、無理やり修整しようとすると、不自然さが目立ち、かえって老け顔になります。「あくまで自然に」が、若返りの最も重要なポイントです。

そのためにはまず、眉下のムダ毛を処理しすぎないこと。今まで「眉を整える」というと、眉下の毛を剃ったり抜いたりしていた人がほとんどだと思います。これも、眉と目の間であるまぶたを広くし、間延びするだけ。眉の位置が上がって見える原因のひとつ。

また、実感していると思いますが、年齢とともに眉下の毛は、確実に減っています。今までの習慣をやめて、眉下の毛は処理しすぎないようにしましょう。

そして、眉を描く時は、眉の上ではなく、下だけに自然に毛を足すようなイメージで。眉上に描くとさらに位置を引き上げてしまうので、要注意です。

見えにくいと言ってまぶたを
引き上げた時の眉形こそ
アーチ眉だった!
BOOK

19

アーチ眉は5歳老けるだけ。5歳若返るのはストレート眉

ソフィア・ローレン、ブリジット・バルドー、ヴィヴィアン・リー、そして、浅丘ルリ子さん、加賀まりこさん、梶芽衣子さん……昔、映画のスクリーンを飾った女優たちは、ため息が出るほど美しいと感じたもの。よくよく考えると、当時の彼女たちは20代だったりするのですが、とにかく大人っぽくて圧倒的な存在感に驚かされます。

その美しさの秘密のひとつが、きれいに描かれたアーチ眉。彼女たちを見るとわかりますが、確かに女らしく優美な印象になるのです。仕事柄、若手の女優の眉を観察することも多いのですが、大人っぽくて美人と言われる人たちは、アーチ型の眉をしているケースが多いようです。

このように、「アーチ型＝美人」という思い込みがあるからでしょうか？　それとも、細眉トレンド時代の刷り込みから抜け出せないからでしょうか？　教室

にいらっしゃるみなさんの中で、アーチ型の眉を描いていらっしゃる方は、実際、とても多いのです。

また、まぶたのたるみや緩みをカバーしようと、無意識のうちにまぶたを引き上げる癖がつくことで、若いころに比べて眉山が上がり、アーチ型に近づいていることも大きな要因でしょう。

そのため、大人はつい、アーチ型にしたがる傾向があります。

でも、40歳をすぎると、この形ははっきり言って損。大げさに角度がついたアーチ眉、しかも、細いと余計にまぶたがさらに広くなり、5歳は老けて見えるからです。まぶたが腫れぼったい人はなおのこと、もたつきが強調され、目と眉に締まり感がなくなってしまうのです。

大人の正解は、あくまで自分の眉を生かした、「自然な太さの短めストレート眉」です。

ストレート眉は広くなる眉と目の間を狭めるのはもちろん、横の線を強調することで縦長をカモフラージュし、5歳若く見せるのです。

そこで、眉を描く時は、眉下に毛を足すようなイメージで、ストレートに形づ

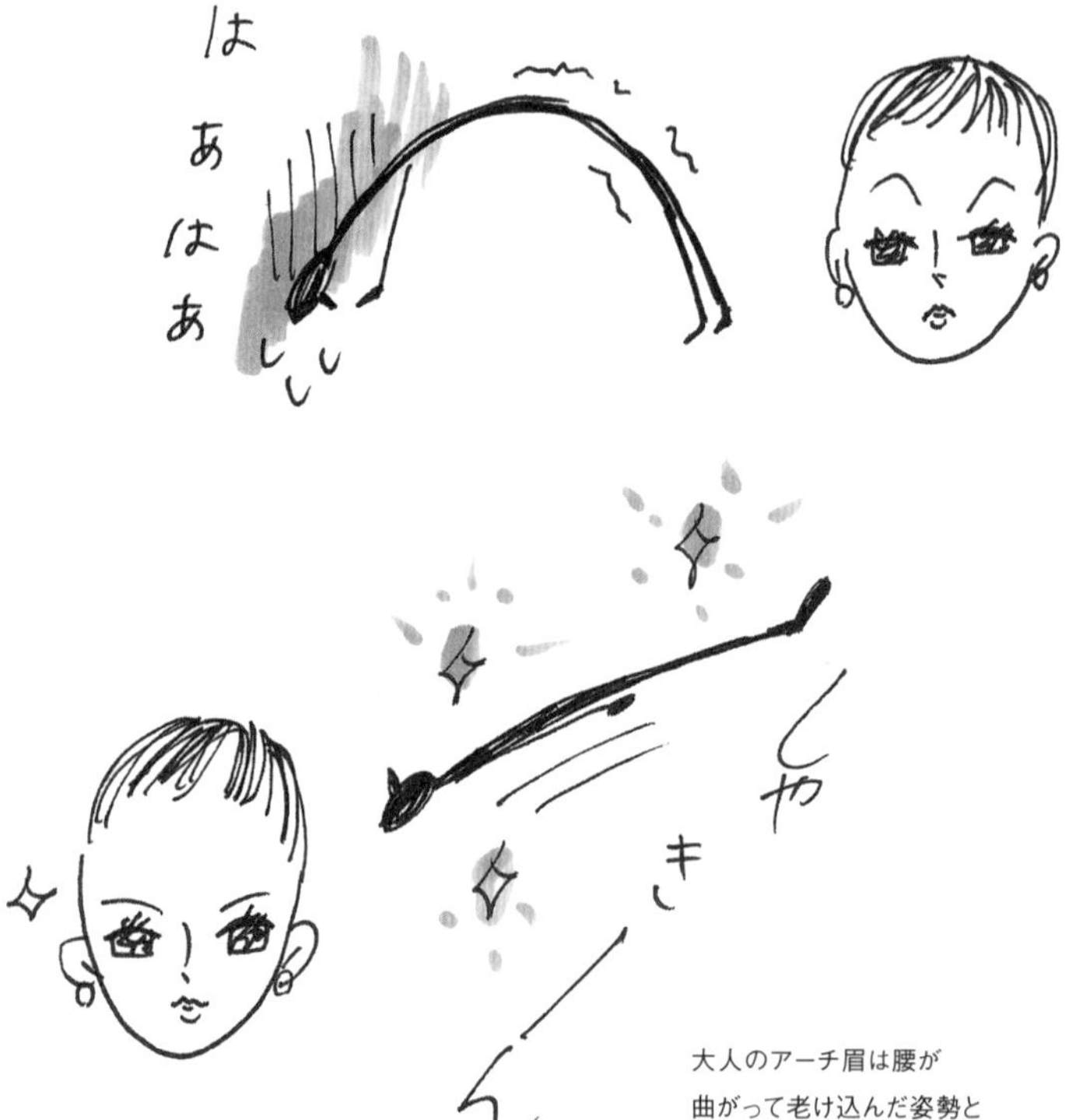

大人のアーチ眉は腰が
曲がって老け込んだ姿勢と
心得るべし。背筋を伸ばすように、
眉もストレート風にしゃきーん!

くります。その際、眉上部をあまり描かないこと。上に描けば描くほど、眉位置が上に移動してしまい、老けさせてしまいますから。また、あまり長く描きすぎると、眉尻を下げないとおさまりが悪くなるので、短めにします。

「眉は難しくて、うまく描けない」という人も多いと思いますが、頭の中でストレート眉をイメージしながら、描いてみてください。意識の差は、想像以上に大きいもの。それを繰り返すうちに、次第に自分の理想眉が見つかるはずです。

アーチ眉とストレート眉、たったそれだけで見た目年齢に10歳の差が生まれます。

20 理想の眉色は、顔になじむオリーブブラウンかグレイッシュブラウン

眉は形だけでなく、色でも印象が大きく変わります。つまり、眉色によって、老けて見えたり若返って見えたりするということ。色選びでアンチエイジングも

可能なのです。

髪が黒だから、という理由で黒を選んでいる人も案外多いようですが、これでは眉が目立ちすぎて、かえって老けて見えます。

一方、髪にカラーリングをしている人たちは眉にも茶色を選んでいるようですが、その色みは、意外と赤みの強い、いわゆる「赤茶」だったりします。でも、黄みがかった日本人の肌には、じつは、赤みは相性が悪いもの。肌色となじまず、結果的に眉が浮いて、これもまた老けて見せるのです。

だから大人にとっての理想色は、ニュアンスのあるカーキがかったオリーブブラウンかグレイッシュブラウン。

これらの色は、眉毛と近い色でありながら黄みを含んでいるので、肌にも自然になじみます。また、瞳の色と引き立て合って、目元全体をきれいに見せるため、美人度もアップ。さらに生き生きして、若々しく見えるのです。

21

眉毛が多い人はペンシル、少ない人はパウダー

眉メイクに使うアイテムには、主にペンシルとパウダーがありますよね。教室ではよく、「どっちが正解なの？」という質問を受けます。

もちろん、基本的には描きやすいほうで構わないのですが、ひとつの目安として、眉毛が多めの人はペンシル、少なめの人はパウダーをおすすめします。

眉毛がしっかりある人は、形を補整するだけで比較的簡単に理想の眉を手に入れることができます。ペンシルで足りない部分に眉毛を一本一本足すイメージで描きましょう。

その場合、ペンシルは、なるべく芯の細いものを選ぶと描きやすいでしょう。また意識して軽く持つと、スムーズに描くことができます。

一方、眉毛が少ない、薄い、など、一から形をつくっていく場合は、パウダータイプが使いやすいでしょう。パウダータイプはより眉にナチュラルな影をつく

るつもりで描きます。

パウダーは濃淡2色あると理想的。まず、淡いほうの色で眉全体を描いて、眉の影をつくり、形を決めます。そのあと、濃いほうで眉毛一本一本を描き足していくように仕上げます。すると自然な立体感が生まれて、若々しい眉ができあがります。

また、眉全体の影を描く時はふわりと描ける丸ブラシ、眉毛一本一本を描き足す時には先を斜めにカットした尖《とが》った角ブラシと2種類のブラシを使い分けるとさらに上手に描けます。したがって、淡い色は丸いブラシを、濃い色は角ブラシを使うといいでしょう。

意外と多いのが、眉山から後ろ半分がないという人。その場合は、ペンシルとパウダーを重ねて使います。パウダーで形をつくり、ペンシルで毛を描くようにするといいでしょう。

また、どんな眉でも、描いていた眉が汗や皮脂、摩擦で取れてしまうのが、最も老けて見えるもの。汗をかきやすい夏などは特に、できるだけ、もちをよくする工夫が必要です。この場合もパウダーとペンシルのふたつのタイプを重ねづけすることで、ひとつで仕上げるのに比べて数倍もちがよくなります。ファンデーションもリキッドとパウダーを重ねづけするともちがよくなるでしょう？　それと同じ原理。眉もひと手間が若さをつくるのです。

22
くっきり輪郭、ぺったり均一、左右完全対称……。老け眉を解決するのは、「あいまい描き」

眉は、顔立ちも見た目年齢もすっかり変えてしまうほど重要なパーツと自覚している。だからこそ、自ずと力が入ってしまう……。パーフェクトを狙うあまり、失敗する人がほとんどです。メイクが丁寧で、眉描きがうまい人ほど、じつは老けて見えているのは、そのためです。

失敗その1　輪郭をくっきりと描きすぎてしまうこと。

特に、眉頭は要注意。輪郭をくっきりと描きすぎてしまう人の8割が眉頭で失敗しています。眉は整えすぎると必ず老けて見えます。眉頭も眉尻も自然に始まって自然に終わる、それが理想の眉。はっきりしすぎたら、スクリューブラシなどでとかして、ぼかしましょう。

失敗その2　ぺったりと塗り絵のように塗りつぶして、貼りついた眉のようになってしまうこと。

眉をよく観察するとわかりますが、必ず濃淡があったり、立体感があったりするもの。形を「完璧につくる」というより、自分の眉に「足りないところを補う」という意識を持つことが重要です。

失敗その3　左右対称に描こうとしすぎてしまうこと。

もともと人間の顔は、どんなに美人とされている人でも、左右対称ではありません。そもそも、左右同じであろうとする必要はないのです。ましてや、人と話す時、表情はさまざまに変わるので、多少の左右の違いは気にならないものです。それなのに、まるで絵画のようにミリ単位で揃えようと足しすぎる……。結果的にくっきり、ぺったりの眉になってしまうのです。

だからと言って、怖がる必要はありません。濃くなりすぎたり、均一につきすぎたりしたら、チーク同様、綿棒で取ってしまえばいい。気楽に考えたほうがうまくいきます。

「若眉」をつくる最大のポイントは「あいまい描き」。輪郭はぼんやりしてていい、均一じゃなくても、左右対称じゃなくてもいい……肩の力を抜いてあいまいに仕上げる、それくらいがちょうどいいのです。

眉は顔の額縁と言われるように、目立たせるパーツではないのです。モナリザの絵は覚えていても、額縁は覚えていませんよね？　ドラマティックな眉は女優さんだけでいいのです。

ちなみに、眉毛の一本一本が長くなるのは、老化現象のひとつ。それも老けて見せる要因なので、きちんとカットしましょう。

また、眉の白髪を悩んでいる人は多いようですが、その場合は、眉マスカラを利用すれば、簡単に解決できますよ。

23

アイラインでまつ毛たっぷりに見せる。結果、目の存在感がアップ

アイラインの目的って、何だと思いますか？　目を大きく見せるため？　目の形を変えるため？　目尻を引き上げるため？　どれも、間違いではありません。でも、これらは二次的な効果。意外だと思うかもしれませんが、大人の場合、じつはその役割はとてもシンプル、「まつ毛を濃く見せる」ことです。

それなのに、教室でみなさんに聞くと、アイラインは「若い時にしていて、今していないもの」のNo.1なのです。これでは、もったいない！

20代のころはまつ毛が密集していて、それだけでアイライン効果がありました。特に、私たち日本人の黒いまつ毛は、欧米人がうらやむほどのメリットがあったはず。ところが、年齢を追うごとに、毛が抜けたり、細くなったり、短くなったり……すると、まつ毛が黒い分、目の際の地肌、つまりまつ毛とまつ毛のすき間の白い部分が目立ち、目の輪郭がぼんやりして、どうしても目の印象が弱くなっ

てしまうのです。

だから、アイラインの正解は、まつ毛とまつ毛のすき間を埋めて、「まつ毛がたくさんありますよー」というふうにごまかして見せること。

私はつねづね「アイライン」という言葉が誤解を生んでいると思っています。まつ毛の生え際をよく見てください。そもそもきれいな一列ではありません。それに沿って描いてもラインになるはずがない。まつ毛とまつ毛の間の「すき間」を埋めて結果的に一本の線に見えればOK。「アイライン」でなく「アイドット」と考えればいいのです。それによって、目の輪郭がくっきりとし、白目と黒目のコントラストも際立ち、若いころのような目力が蘇る。それだけで生き生きとした印象になるのです。

大人はもう、「目が大きいほうが美人」「目尻が引き上がっているほうが若く見える」という呪縛から解き放たれるべき。眉同様、もともと目も表情とともに動くもの。大きいとか上がっているとか、それは見た目印象を変えるほど重要な問題ではありません。

24

大人のアイラインは「ブラック」より「ブラック風」を選ぶ

アイライン＝黒。そう思い込んでいる人も多いと思います。

まつ毛の色は黒だし、力を与える強い色も黒。でも、よくよく観察してみると、顔の中にある黒は純粋な黒ではなく、赤みがかっていたり黄みがかっていたりするもの。しかも、年齢とともに瞳の色も以前より薄くなっているものです。

だから、大人に黒はちょっと強すぎる。「アイライン、入れてます」と周りに宣言しているような痛々しさが見え隠れしてしまうのです。

大人の目元には、じつは黒に限りなく近い、でも柔らかさのニュアンスが含まれている「ブラック風」がおすすめです。

中でも、少し赤みを含んだブラックパープルは、黒目をくっきりと、白目をクリアに見せて、極めて自然なのに目元の印象を強める効果は絶大です。

25
目頭から？　目尻から？
いえいえ、入れやすいところからでOK

「若創り学教室」でも「アイラインがうまく入れられない」という声をよく耳にします。緩んだまぶたが下に伸びて、まつ毛の際を覆い隠すため、入れるべきところが見えない。描きづらくなるのも当然です。

目頭から入れるのがいいのか、目尻から入れるのがいいのか……？　意外かもしれませんが、答えは、「どちらでもOK」。もっと言えば、真ん中から入れたっていいのです。入れやすいところから入れてください。

23でも述べたように、アイラインの目的は、まつ毛を増やして見せること。要するに、まつ毛一本一本のすき間を「点」で埋め、それが最終的に「線」に見えれば、それでアイラインは完成なのです。

「線ががたがたに乱れてきれいに描けない」という人もいますが、それでも大丈夫。アイシャドウを上に重ねれば、どんなに線が乱れていてもあとからごまかすことが可能です。構えすぎないで、気楽にトライしてみましょう。

確かに、目周りの皮膚のハリが失われ、まぶたが覆いかぶさってくると、アイラインは描きづらいものです。そういう場合、鏡の位置を工夫することで、格段にアイラインが簡単になります。鏡を顔の下側に置き、あごを上げてその鏡を覗き込むようにします。すると、自然にまぶたがぴんとなって、まつ毛の生え際が見えます。利き手にアイライナーを持って、もう一方の手でまぶたを引き上げるようにしながら、まつ毛のすき間を埋めていきます。

どうですか？　描きやすいでしょう？

もっと言うなら、目の際すべてにラインを入れなくてはいけないわけでもありません。人によっては、黒目の上部分だけとか、目尻だけにラインを入れてもいい。結果的に、その人の目がくっきり見えるのが目的なのだから、効果を感じるところだけに入れればそれでいいのです。

ちなみに、アイラインを入れても皮脂や涙ですぐ落ちて「パンダ目」になってしまうという人も多いようです。あくまで私の場合ですが、同窓会やパーティなど、ここぞという日のメイクにはリキッドタイプを使うようにしています。そして、下まぶたにアイシャドウの明るめの色か、パウダーなどを塗って、ドライに保つようにすると落ちにくくなります。これは化粧直しが長時間できないときにも、役立つテクニックです。

26

長く濃く、そして自然なカール。まつ毛は顔全体の印象を強めてくれる

大人の場合、目力が弱まる最大の原因は、まつ毛にあります。だから、マスカラはとても頼りになる味方。マスカラでまつ毛を長く濃くつくることで、目の輪郭をくっきりさせて印象を強めたり、結果的に目を大きく見せたり顔全体をリフトアップして見せたりします。

注意したいのは、まつ毛を無理やりカールさせないこと。大人の場合、人形のようなしらじらしいカールは、目元のシワやたるみと喧嘩し、かえって欠点を目立たせて、これもまた痛々しい印象になるのです。

むしろ、まつ毛が若干、下を向いているくらいのほうが、まつ毛の影で黒目がちに見えて、さらに目の力が強まる場合もあります。目力がアップする効果で、シワやたるみなど老化のサインが目立たなくなるのです。

40歳を超えたら、ビューラーでぐいぐいまつ毛をカールさせるのはやめて、長さ×濃さ×自然なカールを目指しましょう。

27
塗ったつもりでは意味がない！ 人にわかるにはマスカラ100回塗りで

若い世代の女性たちの中には、もともとまつ毛に力があるのに加え、これでもかというほどマスカラを重ね塗りし、それでも足りないとつけまつ毛まで使う人もいます。それほどまでにまつ毛を強調するのは、顔を変える威力があるから。

一方で、40歳を超えた女性たちは、マスカラに対して、控えめな人が多すぎるようです。

若い顔と比べて、圧倒的にまつ毛の存在感が弱い大人はなおのこと、マスカラを最大限活用すべきです。

つけ慣れていない人ほど、その「加減」に迷うと思いますが、マスカラは「塗ったつもり」では、単なる自己満足。長さも濃さも、周りには「差」がわかりません。他人に効果として見えなければ、意味がないのです。

だから、マスカラは、最低100回塗る心意気で！　驚かれるかもしれませんが、それくらい繰り返して初めて、他人にはまつ毛の強さが印象に残ると心得て。

もし、つけすぎてしまったときには、まつ毛コームでとかして、余分なマスカラを取れば、簡単に調整ができます。少し顔から離した鏡で確認しながら、怖がらずに重ねてみてください。

一つポイントを。マスカラを塗る時、まつ毛の下からだけ塗っていませんか？　それでは出せるボリュームに限りがあります。塗り始めにまつ毛の上からひと塗りして、まつ毛をマスカラで「サンドイッチ」するようにしましょう。「難しい？」と思うかもしれませんが、実際に塗ってみると意外と簡単だと気づくはず。存在感のあるまつ毛を作ることができます。

アイシャドウ&リップカラーで老け印象を引き算する

アイシャドウも口紅も、若いころ、自分に似合うと信じた色ばかりを選んでしまう。じつは、そういう人が多いのではないでしょうか?

あのころそうだったように、まぶたには多色のグラデーションが必要、唇にはくっきり濃い色が安心……この呪縛が、老け印象をさらに強調しています。

見慣れない顔になるのは怖いという気持ちもわかりますが、ほんの少し勇気を持って、どちらも引き算することに挑戦してみてください。

どんどん影が増える目元は明るく。顔の中で最もたるみの影響を受けやすく、清潔感が失われがちな口元を軽やかに。「知的な引き算」が大人を若々しく見せるのです。

28
まぶたの色を整えるのが目的。だからアイシャドウはベージュ系がベスト

アイシャドウは、世代を問わず、メイクにおいて「不可欠のアイテム」ととらえられていますよね。

特に私たちが若いころは、3色も4色も使ってまぶたにグラデーションをつくって目を際立たせるメイクが当たり前。その感覚に慣れている人も多いことでしょう。

一方で、うまくグラデーションをつくれなくて、メイクがいやになったり億劫《おっくう》になったりした人もいるのではないでしょうか？

アイシャドウは本来、文字通り、目元に影をつくったり立体感を演出したりするためのもの。でも、大人のメイクに限って言えば、その目的はただひとつ。

まぶたの肌色を調整することです。

あくまで「まぶたのためのもうひとつのファンデーション」と考え方を変えた

ほうが、いいかもしれません。

気にしている人も多いようですが、年齢を重ねるほど、色素が沈着したり、摩擦や血行不良でくすんだり、アイホールの影が濃くなったりと、まぶたはどんどん暗くなっていきます。そこに、影色をわざわざ重ねる必要はないのです。大人は、「彫りを深く」より、「まぶたを明るく」です。

だから、私たちが選ぶべきは、ベージュ系やオレンジ系の明るい色です。きらきらのラメや粗いパールなど、大げさな光感は必要なし。同時に、まぶたが持っている艶を消し去ってしまうようなマットな質感も大人には不向きです。黄みがかった肌色になじみながら、まぶたのくすみをカモフラージュすると同時に、まぶたに自然なハリ感をプラスするキメ細かいパールを含んだ色がベストです。

とにかく、40歳を超えたら、まぶたに力を込めすぎるのはやめましょう。まぶただけが目立つと、「やりすぎ」感が増して、かえって老け顔になるから。

だから、まぶたはシンプルに仕上げて目元をすっきりと見せること。それが大人メイクの成功の秘訣です。

29
「Cの字&下まぶたにハイライト」は、もはやベースメイク

アイシャドウは何も上まぶただけのものではありません。特に暗くなりがちな大人の目元周りには、いろいろな使い方ができます。上級テクニックをいくつかご紹介しましょう。

まず、目尻を囲む、通称「Cゾーン」。

自分では気づいていない人がほとんどだと思いますが、年齢とともにこの部分が凹み、影になっていることがあります。目の周りのため、他人から見ると、意外と目立ち、老け印象として映るもの。

そこにCの字にハイライトをプラスすることで、若い輪郭に近づくのはもちろん、顔全体が艶やハリに満ちあふれているかのように見えます。

また、下まぶた際全体にすーっと軽く入れると、光を反射させるレフ板のような効果を発揮して、目がうるうると艶やかに見えます。

Cの字と下まぶたのハイライトは、肌色をもっともっと明るくしたような、艶や透明感が出る微細なパール入りのベージュがおすすめです。

これは顔全体の印象を若返らせるアンチエイジングのテクニック。アイメイクというよりは、ベースメイクとして取り入れてみてください。

30 アイシャドウはマニキュアと同じ⁉ 洋服を替えるように色を楽しむ

「若創り学教室」で、よくこんな質問を受けます。

「私には何色のアイシャドウが似合いますか?」

自分に似合う色に出会いたいという気持ちが強いようなのですが、私はアイシャドウに関しては、もっと自由に発想するほうがいいと思います。

アイシャドウは、言わば、マニキュアと同じ。その日の気分や洋服に合わせて、楽しむものです。華やかさを添えたり、シックなイメージに仕上げたりと、軽やかに使いこなしてみてはどうでしょうか？

自分にも新鮮に映る「顔」は、心をわくわくさせる。そんな脳への若返り効果も発揮すると覚えておいて。

31
きれいに整える、でも目立たせない……。下手にいじらないのが、大人のリップメイクの正解

第二章で詳しく述べましたが、たるみの影響を一番受けやすいのは、「顔の下半身」、ずばり口元です。口角が下がるのはもちろん、唇の輪郭があいまいになり、口元全体が緩んで、もったりとしてきます。それに加えて、鼻の下が伸びて、口元がより下がった印象になる……これが顔老けにつながっているのです。

それなのに、もやっとした口元を引き締めなくちゃと、リップラインで唇の形を強調したり、濃い色の口紅を塗ったりして、口元を目立たせる＝アンチエイジングと考えがちです。じつはこのやり方、まったくの逆効果。口元が目立つと、

大人になると弱点になる「顔の下半身」……
濃いリップで目立たせるのは逆効果！

ただでさえ下がっている口元がさらに強調されて、顔の下半分が重く見えます。つまり、配置のバランスがさらに変わって、「配置老け」が強調されるんです。また、口元を整えすぎることによって、余計な化粧感が浮き立つのも、老けて見せる要因です。

大人の口元の正解は、きれいに整えながらも、目立たせないという絶妙バランス。口元を軽く見せるリップメイクが重要です。下手にいじりすぎないほうが、若く見せるのです。

まず、唇の輪郭をリップライナーでくっきりと描くことは避けましょう。ましてや、若いころにしていたように、リップライナーや口紅で唇を大きく見せるように描く「オーバーリップ」は、絶対的に老けて見せるのでNGです。

その上でマスターして欲しいのは、「あいまい塗り」です。口紅をブラシなどを使わずに直接唇に塗ってから、唇の上下をむにゅむにゅとすり合わせるだけで仕上げる方法。唇の表面はきれいに整いながらも、わざと無造作な感じで軽さが加わり、口元の印象が弱まります。

リップの掟は、必要以上に「目立たせない」ことなのです。

きちんと口紅を塗るのが習慣になっている人ほど、抵抗があるかもしれません。でも裏を返せば、たったこれだけで「古い顔」と決別でき、たちまちフレッシュな印象になる、それほど口元は重要なパーツ。ぜひ挑戦してみてください。

32
濃い口紅に頼るのは、もうやめる

40代以上の人は、若いころ、フューシャピンクやレッド、ローズにブラウンといった、いわゆる「濃い口紅」がトレンドだったバブル時代をくぐり抜けてきました。サンローランの19番、ディオールの581番など、いわゆるクチュールリップに夢中になった経験があるかもしれません。中には、そのまま濃い口紅の劇的なメイク効果から離れられないという人もいるのではないでしょうか?

また、教室でもよく出会いますが、年齢とともに、口元に力がなくなってくるのを実感して、なおのこと、濃い色に頼っている人も多いよう。

31でも述べたように、口元を主張しすぎると5歳も10歳も老けてしまうことがあります。ただでさえ口紅は大人顔をつくるアイテムなのですから、大人色である濃い色の口紅を塗るだけで、老け顔になるのは当たり前のこと。だから、濃い口紅に頼るのは、やめましょう。

まずは、ピンク系やベージュ系など、軽やかな色を選ぶこと。少しニュアンスを含みながらも、沈まない、明るめの色が理想的です。また、適度なパール感を含んでいるものやみずみずしい質感のものを選べば、それだけで透明感が増して、若々しく見えます。さらに、口紅の上にグロスを重ねれば、艶やかさがアップするので、軽やかに見えるはずです。どうしても濃い色でないと落ち着かないという人も教室にはいらっしゃいます。その場合は、透け感のあるシアーなタイプをおすすめしています。

仕上げに鏡を見て、口紅がはっきりと発色しすぎたり、グロスがぼってりとつきすぎたりして唇が目立つようなら、最後にティッシュペーパーで少し押さえてオフするのもいいでしょう。

33 「こんもりグロス」で若い立体唇を再現

年齢を重ねると、配置バランスが崩れてくるのみならず、唇自体のボリュームが減ります。特に上唇が薄くなり、貧弱になったことを悩んでいる人もいるのではないでしょうか?

そんな時に頼りになるのが、グロス。しかも、上下唇の中央だけにこんもりと淡い色のグロスを塗る「こんもりグロス」が効きます。唇の中央、山と山の間の1cm幅くらいを目安に、上下ともにグロスをのせるのです。

グロスは、ぽってりとつく粘度の高いものが理想的。指先に取って、唇にのせると、狙い通りの位置に重ねることができます。

グロスで唇の中央だけを光らせることによって、唇が立体的に見え、若いころのようなボリューム感が再現できます。また、唇の輪郭が際立ち、フレッシュな印象になるのです。

17世紀のオランダの画家、フェルメールの有名な作品、『真珠の耳飾りの少女』を思い浮かべてみてください。唇の中央がぷるんと光っていて、若さ特有の清潔感と生命感にあふれていますよね。この唇の光感は、瞳の濡れた輝きと結びつく。両方が際立て合うから、若々しい印象をつくるのではないかと思います。

注意したいのは、唇全体にくまなくグロスを塗ってしまうこと。これでは、唇全体の存在感を目立たせすぎることになり、逆効果です。

34 リップラインを最後にしてみる

それでも、唇の輪郭があいまいになっているので、ラインを描かないと口元がぼやける、という人に。「最初にリップライナーで唇の輪郭を描く」という常識を捨て、順序を逆転させせましょう。

輪郭はきれいに整えつつ、かつ、目立たせないためには、口紅やグロスを塗った最後に、リップライナーで輪郭をなぞるように仕上げるとうまくいきます。口紅やグロスの上にリップラインが乗るので、その一部に溶け込み、唇にべったりとつくことがないのです。

この方法であれば、お茶を飲んだり食事をしたりして口紅やグロスが取れた時に、リップライナーだけがくっきりと残ってしまうという老け印象も防ぐことができます。

ちなみにリップライナーは、口紅の色に合わせるのではなく、自分の唇の色に合わせるのが、軽やかになじませるコツです。

メイクの常識を捨てて、一から若い顔をつくる

メイク上手な人ほど、若いころから培ってきた独自の「メイクの常識」があるようです。

肌づくりをしたら次はアイメイク、リップライナーで先に縁取ってから口紅が、正しい順序。アイラインは目頭から目尻に向かって入れるのが正しい方向で、アイシャドウは3色グラデーションが正しい選び方……でも、果たしてそれが、あなたをきれいに見せているでしょうか？　来る日も来る日も同じメイク、だからこそ顔だけが古くなる……そんなことがおこるのです。

時に、今までの習慣がつくりあげてきた常識から解き放たれてみるだけで、新しい顔がのぞきます。たとえば、アイシャドウはベージュ一色で仕上げてみる、

リップラインは最後にしてみる……そう、メイクの常識という「殻」を破って、新しい気持ちで新しい顔をつくってみましょう。若い顔は、誰にも潜んでいるのですから。

35 ファンデもチークも、アイメイクもリップメイクも、濃くなりすぎたら、薄めればいい

自分がずっと続けていた習慣や信じていた常識から一歩抜け出して新しい方法を始めるのは、とても勇気のいることだと思います。「100点」ではなく「70点」を目指してと言われるとなおのこと、加減がわかりづらいかもしれません。

でも、メイクはもっと自由なもの。肌づくりもアイメイクもリップメイクも、とにかくトライしてみる。濃くなりすぎたら、薄めればいいだけなのです。

ファンデーションやチークが濃くつきすぎたら、スポンジで取ればいい。手のひら全体で押さえるだけでも肌になじんで薄く見えます。チークが濃くなりすぎ

たら、上からファンデーションを重ねたってていいのです。

アイメイクが濃くつきすぎたら指で押さえたり、綿棒で取ったりすればいいし、リップメイクが濃くなりすぎたら、ティッシュオフしたり、リップクリームで薄めたりと自由に調整できます。

「えっ、こんなことしていいの?」と思った人も多いのではないでしょうか?

じつは私自身もそうでした。でも、これらは、仕事で出会ったプロのメイクアップアーティストたちから学んだテクニックです。実際にやってみると、驚くほど簡単。失敗を怖がることがなくなりました。

だから、気楽に新しい方法に挑戦してみてください。ちょっとだけ新しい方法を取り入れると、自分の顔がちょっとだけ新しくなる。この少しの新しさこそが、若さなのです。

メイクはちょっとの差が大きな差を生みます。メイクの力でみるみる生き生き感が戻ってくるはずです。

36 道具を清潔に保つとメイクが何倍もうまくなる

最近では、電車などで人目を気にせずにメイクをしている女性たちを目にする機会が格段に増えました。職業柄つい、観察してしまうのですが、そのたび思うことがあります。それは、道具を洗っていない人が多すぎるということ！

スポンジはファンデーションでまっ茶色になっているし、アイシャドウのブラシは粉まみれ……。スポンジもブラシも、ファンデーションやアイシャドウだけでなく、汗や皮脂、酸化物などで、思いのほか汚れているものです。これではいくら一生懸命メイクしても、うまくメイクできるわけがありません。

たとえば、まっさらなスポンジでは、ファンデーションを適量とることが難しくありませんし、ファンデーションも肌にすーっとのびます。ところが、何度も使ってファンデーションや皮脂で汚れたスポンジだと、知らず知らずのうちにたくさんの分量をとってしまいがち。結果、厚塗りになってしまうのです。また、スポンジの汚れとファンデーションが混じり合って、肌の上でダマになったりよれたりしてしまいます。アイシャドウのチップやブラシも同様です。道具が清潔か否かが、メイクの出来不出来を決める重要な要素なのです。

しかも、汚れた道具には、雑菌などが繁殖して、肌や目を傷める大きな原因になります。老婆心ながら心配になるのです。

道具は、最低でも週に一度、洗いましょう。スポンジや化学繊維のブラシであれば、100円ショップで手に入る無添加せっけんで充分。動物毛のブラシは使うたびにティッシュで軽くなでて粉を落とすなどこまめに手入れをしておきます。

道具を丁寧に使うだけで背筋がしゃんと伸びるもの。その効果も見逃せません。

37 姿見と手鏡、ふたつの鏡使いで「70点メイク」をつくる

ここのところ、欠点ばかりが目につく。できることなら鏡を見たくない……歳

を取るほど、そんなふうに感じている人が多いのではないでしょうか？

でも、鏡を味方につけないと、若さも美しさも手に入りません。鏡があるから、顔や老けの正体を正しくとらえられる、だからこそ、メイク効果を実感してわくわくする……そう、40歳を超えたら鏡と仲良くなった人からきれいになるのです。

大人がきれいになるためのポイントは、姿見と手鏡のふたつ使い。

メイクをする時、どうしても鏡との距離が近くなりがちです。もちろん、眉を描いたりアイラインを入れたりといった繊細なステップの時は手鏡で確認したほうがきれいに仕上がります。

顔全体の色バランスや配置バランス、ひいてはヘアスタイルや髪の色、洋服との相性など、大まかな印象は、手鏡では距離が近すぎてよくわからないはずです。姿見で全体を眺めて、色や形が強すぎないか濃すぎないか、逆に足りないところはないかと、自問自答を繰り返しましょう。最初はよくわからなくても、観察しているうちに、次第にわかってくるものです。また、せっかくメイクで若創りしても、猫背では台無し。姿勢も必ずチェックしましょう。

手鏡も姿見も、映し出す痛々しさや疲れ感の種類が違います。ふたつを交互に確認することによって、老け印象を取り除くことができるのです。

だから、鏡は最低、手鏡と姿見のふたつを用意すること。そしてどちらもちゃんと確認しながらメイクを完成させること。すると、「70点メイク」の加減がわかってくるはずです。

38 何よりもメイクを義務にしない

年齢を重ねるほど、メイクは当たり前のルーティンであり、半ば義務になってしまった人も多いと思います。欠点が増えるにしたがって、メイクの目的が「隠す」ことになって、どこか楽しくないものになってしまった人もいるに違いありません。

義務になった時点で、メイクはとたんに効果を失います。メイクが義務になるのは、自分自身の顔に飽きていることに他なりません。でも、その顔は自分でつくった顔。その顔に飽きてしまったら、どんどん生命感を失い、老けて見えるばかりなのです。

人生に退屈している人は生き生きしていないのと同じです。

今日からメイクを楽しむこと、毎日少しずつ新しい自分に出会うこと。これだけで若さは蘇ってくるのです。

楽しくメイクすることが
きれいになる一番の秘訣。

おわりに

ひょっとしたら、「若創り学教室」は〝世のため、人のため〟というより自分のためにつくったのかもしれません。

学生時代まったく化粧をせずにリップクリーム1個ですませていた私が、単なる就職先のひとつとして選んだのが化粧品会社でした。美人でもなく、化粧にもさほど興味もなく、また、その必要性を切実に感じたこともありませんでした。化粧を一生懸命やっている人に対して、「ほかにもっと大切なことがあるでしょ、なんだかアタマが悪そう」と若気の至りで思ったこともありました。

その私が、本当の意味で化粧に目覚めたのは40代に入ってからです。

「なんだか顔が変わってきた」

自分の顔が一番変わってきた時に担当していたのは、百貨店で20代女性に大人気のアーティストブランドでした。若い人にはキラキラ輝く、ラメやパールが私にはなんだかイタい気がする。目の周りの小じわが目立つし、毛穴も大きくなったみたい……。何より老けて見える……。

苦しい中で私がいきついたのが、顔を「あっさりつくる」ということです。ベースづくりでは特に注意しました。ベースを薄めにつくっておけば、キラキラパールを使ってもそれほどイタくならずに、なんとかこなせたのです。

私は若い時のパーンと張った顔よりも、40代以降の少し肉が落ちてきた今の顔が好きです。美容のオタクではない、普通の私に毎日できることは、簡単なことばかりです。毎日、きちんと自分の顔と向き合うこと。鏡を見ることです（これは意外と大変かも?）。

そしてがんばりすぎないこと。やりすぎないこと。ここだけの話ですが、私は、アイメイクは週に3日くらいしかしません。もちろん必要を感じる日はばっちりしますよ。

無理せず、気楽にやっているので、続くのかもしれません。

きれいになるのに、決して遅すぎるということはありません。

教室にいらっしゃった、ある60代のご婦人の言葉が心に残っています。

「30年前、いや40年前にこの教室に来たかったわ！　でも、まあいいか。楽しいわ」

メイクでの「清潔若創り」、ぜひみなさまにもトライしていただけたらと思います。

ブランド名のSａｙ《セイ》には、話し合いという意味をもたせました。教室の生徒と先生、生徒同士が本音で話し合いながらメイクを楽しんで欲しいという願いを込めています。

日本一きれいな日本語を話し、きれいな言葉で私の思いをまとめてくださった松本千登世さん。当たり前だと思うことを深く掘り下げ、とてもたくさんのことを気づかせてくださった集英社の川又玉緒さん。ありがとうございました。お二人と仕事をするのはとても楽しい経験でした。

最後になりましたが、冒頭に素晴らしい文章を書いてくださった、齋藤薫さん。私がブランドをつくる時いつも、相談させていただきました。素敵な頬笑みとともにやさしく厳しく、背中を押してくださいました。二人で美容の話をするといつも元気になります。

ありがとうございました。

平成二五年一一月

浅香純子

浅香純子 Asaka Junko

Say取締役ブランドマネージャー、「若創り学教室」主宰
1955年生まれ。早稲田大学法学部卒。長年、大手化粧品宣伝販促部で各ブランドのプロモーション情報立案を担当。メイクアップアーティストRUMIKOプロデュースによるコスメブランド「RMK」では商品開発&PRを担当。また、オリジナルの顔筋マッサージが話題になった大人の女性のためのコスメブランド「SUQQU（スック）」、かっこよく可愛い大人のためのブランド「CHICCA（キッカ）」を立ち上げる。2011年退職後、大人のためのコスメブランドSayの取締役ブランドマネージャーに就任。立ち上げと同時に中高年女性向けのスキンケア&メイクを学ぶための「若創り学教室」を東京、銀座に2012年10月オープン。

老《ふ》けの原因《げんいん》はメイク!?
40歳《さい》からの若見《わかみ》えメイク塾《じゅく》

2013年11月30日　第1刷発行
2017年8月13日　第2刷発行

著　者　浅香純子《あさかじゅんこ》
発行者　茨木政彦
発行所　株式会社 集英社
〒101-8050 東京都千代田区一ツ橋2-5-10
電話 編集部 03-3230-6141／読者係 03-3230-6080／販売部 03-3230-6393（書店専用）
印刷所　大日本印刷株式会社
製　本　株式会社ブックアート
 ISBN978-4-08-781539-9 C0095